초기 그리스도인의 라이프스타일

초기 그리스도인의 라이프스타일

지은이 | 이상규
초판 발행 | 2026. 03. 25.
등록번호 | 제1988-000080호
등록된 곳 | 서울특별시 용산구 서빙고로65길 38 두란노빌딩
발행처 | 사단법인 두란노서원
영업부 | 02)2078-3333   FAX | 080-749-3705
출판부 | 02)2078-3331

책값은 뒤표지에 있습니다.
ISBN 978-89-531-5284-7 03230

독자의 의견을 기다립니다.
tpress@duranno.com   www.duranno.com

두란노서원은 바울 사도가 3차 전도여행 때 에베소에서 성령 받은 제자들을 따로 세워 하나님의 말씀으로 양육하던 장소입니다. 사도행전 19장 8-20절의 정신에 따라 첫째 목회자를 돕는 사역과 평신도를 훈련시키는 사역, 둘째 세계선교(TIM)와 문서선교(단행본·잡지) 사역, 셋째 예수문화 및 경배와 찬양 사역, 그리고 가정·상담 사역 등을 감당하고 있습니다. 1980년 12월 22일에 창립된 두란노서원은 주님 오실 때까지 이 사역들을 계속할 것입니다.

초기 그리스도인의 라이프스타일

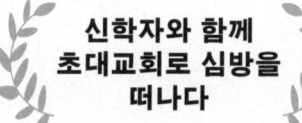

신학자와 함께
초대교회로 심방을
떠나다

이상규

두란노

목차

존경하는 이상규 교수님이 이번에도 참 좋은 책을 내셨습니다. 제가 부산에서 목회할 때 이상규 교수님을 뵐 때마다 많은 멘토링을 받았습니다. 교수님의 저서는 가능한 한 다 읽으려고 했습니다. 교회사를 읽으면 오늘의 교회 문제에 대한 답을 얻을 수 있기 때문입니다. 저는 이상규 교수님 문하에서 학위과정을 공부하지는 않았지만, 책을 통해서 이상규 교수님에게서 교회사를 배웠습니다. 설교나 특강을 할 때 저는 지금도 이상규 교수님의 저서를 인용합니다. 이 책은 다른 책에서 다루지 않는 주제들을 선별하셔서 쓰셨습니다. 언제나 그렇듯이 이상규 교수님께서는 충분한 교회사적 근거를 제시하면서 독자들을 설득하고 계십니다. 기독교의 초기 문서라고 할 수 있는 A.D. 100년에 기록된 《디다케》, A.D. 150년경 유스티누스가 기록한 《제일변증서》 등의 방대한 자료들을 신실하게 인용하셔서 집필하셨습니다.

오늘의 한국교회는 해결해야 할 많은 숙제를 안고 있습니다. 오늘의 한국교회는 초기 3세기 이전에 박해받던 기독교보다 많은 것을 가지고 있습니다. 그런데 오늘의 한국교회는 왜 힘을 잃어가고 있습니까? 왜 세상에 선한 영향력을 끼치지 못하고 있습니까? 초기 3세기 동안 기독교는 그 숱한 박해를 받으면서도 10년마다 40퍼센트의 성장을 했다고 이 책은 말합니다. 그런 역동적인 열매는 도대체 어떻게 가능했을까요? 먼저는 성령님의 강력한 역사입니다. 둘째는 십자가와 부활의 복음이 가진 능력입니다. 셋째는 하나님 말씀의 능력이었습니다. 이방 종교와 달리 기독교는 신상과 신전은 없었지만, 성경이 있었습니다. 기독교는 '텍스트 공동체'(text community), 혹은 '책의 종교'(Religion of Book)였습니다. 넷째는 세상과 구별된 삶을 통해 이웃에게 감동을 주었기 때문입니다. 타락한 그 시대의 사람보다는 높은 수준의 삶을 살고 있었습니다. 다섯째 성도들이 서로를 형제로 대하고 섬기는 형제애가 충만했습니다. 굶주린 성도를 먹이고 돈이 없는 형제의 장례까지 치러주었습니다. 이런 구제는 교인이 아닌 사람들에게까지 확장되었습니다.

오늘의 한국교회가 이 책에서 말하고 있는 내용들을 다시 실천할 수만 있다면 다시 일어설 수 있다고 생각합니다. 그러므로 모든 목회자와 평신도 지도자들이 이 책을 꼭 읽어보기를 강력히 추천합니다.

박성규 총신대학교 총장

초대교회 성도의 신앙과 삶을 아는 일은 언제나 유익하고 소중합니다. 그들의 이야기는 오늘을 살아가는 우리들의 삶과 신앙과도 긴밀하게 이어지기 때문입니다. 이번에 이상규 교수님은 초기 기독교에 대한 소중한 책을 집필하셨습니다. 교수님은 이미《헬라-로마적 상황에서의 기독교》(2006)와《초기 기독교와 로마 사회》(2016)를 출판하셨고 이 두 책은 초대교회사 분야의 탁월한 연구로 인정받았습니다. 이번에 출간되는 책은 초기 기독교, 곧 원형의 기독교가 어떤 모습이었는지를 제시하되 그 시대적 상황에서 성찰하고 있습니다. 이상규 교수님의 글은 언제나 고대 헬라-로마 시대의 사회와 문화에 대한 깊은 이해를 바탕에서 출발합니다.

이 책에서 교수님은 초대교회의 지리적 확산, 예배와 집회, 예배의 형태가 어떠했던가에 대해 기술하되 평이하고도 명료하게 소개하고 있습니다. 우리가 그동안 관심을 갖지 못했던 부와 재산, 물질의 사용 등에 대한 교부들의 가르침에 대해서도 명료하게 정리해 주고 있습니다. 특히 이 책 후반부에서는 그 시대의 오락이나 화장, 목욕 등 일상의 삶에 대한 그리스도인들의 태도가 어떠했던가를 흥미롭게 제시하고 있습니다. 고대 헬라로마의 문헌이나 교부 문서, 그리고 현대의 연구자들의 연구 결과를 섭렵하고 있는데, 한 시대의 현실과 역사를 꿰뚫어 보는 통찰력이 놀랍습니다.

이 책에서 인용된 교부들의 주옥같은 명언, 곧 "이 세상에 살고 있지만 이 세상에 속하지 않았다"(디오그네투스), "우리는 위대한 것을 설교하는 것이 아니라, 위대한 것을 살아가고 있을 뿐이다"(미니키우스 펠릭스)는 말이나, 초기 그리스도인은 이 땅에서 "거주하는 나그네로 살았다"는 알랜 크라이더의 지적은 책을 덮은 지 한참이 지나도 읽는 이의 머릿속에 묵직하게 각인됩니다. 이 책은 초대교회 성도들에 대한 우리들의 호기심을 채워줄 뿐만 아니라, 우리들의 신앙과 삶을 뒤돌아보게 합니다.

신민석 코람데오신학대학원 교수, 시드니 한인장로교회 담임목사

한국교회의 많은 목회자와 학자들로부터 인격의 고매함과 학문적 치열성으로 인하여 존경받으시는 이상규 교수님이 또 하나의 소중한 저서를 출판하셨습니다. 지구촌 모든 교회의 뿌리인 초기 기독교를 거룩한 호기심을 가지고 들여다볼 수 있는 흥미로움을 주면서도 역사적 고증에 충실한 책입니다. 현대 교회의 원형인 초기 기독교회는 마치 구약과 신약이 연결

되어 있듯 그 본질은 지금도 탯줄처럼 이어지고 있습니다.

"초기 기독교회와 오락"과 "재산과 부에 대한 가르침," 그리고 "초기 기독교인의 일상생활"까지 다루는 이 책을 통해 신학적 바탕이 견고한 목회자뿐 아니라 교우에게도 읽기의 즐거움을 선물하리라 확신합니다. 지금 한국교회에 필요한, 진리의 체질화와 인격화에 대한 일상영성의 뿌리를 음미할 기회를 축복처럼 전하기 때문입니다.

뿌리 없는 나무와 스승이 없는 제자를 생각할 수 없듯 초기 기독교회에 함께하신 은혜로운 주님의 손길이 우리 시대의 모든 교회에도 늘 동행해 주시고 은혜 베풀어 주시기를 간절하게 소망합니다. 역사신학자로서 한국교회의 목회자와 성도의 주님사랑, 교회사랑, 영혼사랑을 염두에 두고 사랑의 손으로 쓰신 이 책을 손에 든 분들마다 단절됨이 없는 역사의 현장을 저자 특유의 섬세함과 따뜻함으로 풀어낸 열정을 가슴으로 느끼며 기쁜 마음으로 추천합니다.

오정호 새로남교회 담임목사, 예장합동 108회기 총회장

오늘의 교회를 성찰하는 가장 정직한 길은 언제나 그 '처음'을 향해 되돌아가는 데 있습니다. 이상규 교수님의 이 책은 바로 그 근원으로의 여정을 학문적 엄밀성과 따뜻한 목회적 시선을 가지고 우리를 이끌어 줍니다. 초기 기독교의 기원과 확산, 집회 공간의 변천, 예배의 형식과 신학, 전도의 방식, 그리고 재산과 오락, 일상생활에 이르기까지 이 책은 초대 교회의 삶을 단편이 아닌 하나의 통합된 신앙의 세계로 조망합니다.

특별히 주목할 점은, 이 책이 단순한 역사적 사실의 나열에 머물지 않고, 1-3세기 그리스도인들의 삶을 통해 드러난 신학적 의미를 섬세하게 길어 올린다는 데 있습니다. 《디다케》와 유스티누스의 기록을 비롯한 다양한 자료를 바탕으로, 예배가 어떻게 공동체의 정체성과 선교적 삶을 형성했는지를 균형 있게 제시합니다. 또한 사회적 관계망 속에서 이루어진 전도, 물질과 쾌락에 대한 절제, 나그네로서의 자의식 등은 초기 교회가 지녔던 독특한 긴장과 아름다움을 오늘의 독자 앞에 생생히 복원합니다.

그러나 이 책의 진정한 깊이는, 이러한 학문적 성실성 위에 깃든 저자의 삶의 태도에서 더욱 빛납니다. 이상규 교수님은 오랜 시간 교회사 연구와 교육의 현장에서, 교회를 향한 애정과 책임을 놓지 않고 걸어온 학자입니다. 그의 글에는 단순한 지식의 축적을 넘어, 교회를 사랑하는 한 신앙인의 내면적 성찰과 경건이 조용히 배어 있습니다. 그렇기에 이 책은 '연구된 결과'이면서 동시에 '살아 낸 고백'이라 할 수 있습니다.

이 책을 읽다 보면, 독자는 어느새 낯선 과거를 탐방하는 데서 멈추지 않고, 자신의 신앙과 교회의 모습을 비추어 보게 됩니다. 초기 그리스도인들이 세상 속에 거하면서도 그 질서에 동화되지 않고, 오히려 일상의 모든 영역을 통해 복음을 살아 낸 모습은 오늘날 우리에게 여전히 유효한 질문을 던집니다. 과연 무엇이 교회이며, 우리는 어떻게 살아가고 있는가. 이 책은 학문적 깊이를 지니면서도 결코 독자를 멀어지게 하지 않습니다. 오히려 따뜻하고 절제된 문장으로, 독자를 조용한 사유와 묵상의 자리로 이끕니다. '근원으로 돌아가라'는 오래된 요청이 오늘 우리에게 여전히 유효하다면, 이 책은 그 길 위에서 만나는 신실한 안내자라 할 것입니다. 이 책을 통해 많은 이들이 교회의 본질을 다시 발견하고, 삶 전체로 하나님을 예배하는 자리로 나아가기를 진심으로 소망합니다.

임석순 한국중앙교회 담임목사, 백석대학교 신학대학원 원장

◊
◊ **복음적 라이프스타일로**
◊ **오늘날을 비추어 보다**

이번에 《초기 그리스도인의 라이프스타일》이라는 책을 출판하게 되었습니다. 이 책은 제목이 암시하듯이 초기 기독교, 곧 예루살렘에 교회가 설립된 이후 첫 3세기 동안의 역사를 취급하되, 기독교 복음의 확산과 교회 성장, 초기 교회와 그리스도인들의 예배와 전도, 그리고 예배를 위한 집회소의 변천 과정에 대해 기술하였습니다. 이를 통해 초기 교회가 처한 역사적 상황이 어떠하며, 그들은 어떻게 예배드리고 복음을 전파했는가에 대해 소개하였습니다.

이어서 초기 그리스도인들이 마주했던 헬라-로마의 문화 현실 속에서 기독교인들이 일상을 어떻게 살아갔는지를 정리했습니다. 돈과 재물, 그리고 물질의 사용에 대해 교회는 어떻게 가르쳤고, 이 가르침에 대한 초기 그리스도인들의 반응을 담았습니다. 아울러 그 시대의 오락이었던 검투 경기와 연극 관람에 대한 교회 지도자들의 가르침을 살펴보았습니다.

이 책 후반부에서는 그 시대의 사회 풍조인 화장, 의복, 목욕, 사치, 성과 성생활, 여행에 대한 그 시대의 관행과 교회의 가르침,

그리고 그리스도인들의 구별된 삶의 방식을 다루었고 마지막 부분에서는 이국인과 나그네를 선대했던 기독교회의 손 대접 전통에 대해 기록했습니다. 이를 통해 초기 기독교회가 당시 상황에서 어떻게 예배드리며 전도하고, 일상에서 기독교적 가치를 실현하고자 힘썼는지 알 수 있을 것입니다.

초기 기독교회는 2세기 후반의 변증서 《디오그네투스에게》(The Epistle to Diognetus)에서 기록한 바처럼, '이 땅에 살면서도 이 세상에 속하지 않았다'는 신앙 정체성을 견지했고, 이 땅에서는 나그네와 행인에 지나지 않는 역려과객(逆旅過客)으로 살았습니다.

본래 이 글은 〈기독교연합신문〉에 2020년 2월부터 4년간 연재했던 글 중 일부입니다. 초대교회에 대해 궁금해하는 이들이라면 누구라도 쉽게 이해할 수 있도록 썼기에 편안하게 읽을 수 있을 것입니다. 서양어에 '근원으로'라는 의미의 '아드 폰테스'(Ad Fontes)라는 말이 있듯이 우리에게는 '음수사원'(飮水思源)이란 말이 있습니다. "물을 마실 때는 그 물의 근원을 생각하라"는 말인데, 본래적인 것, 근원적인 것에 대한 관심을 드러내는 말이라고 할 수 있습니다. 오늘의 한국 교회의 현실을 조망하고 성찰하기 위해서는 본래의 교회, 근원적인 교회의 모습을 아는 것은 매우 중요하다고 봅니다.

초대교회는 보다 순수한 교회였고 원형적인 교회였습니다. 무엇보다도 초기 그리스도인들은 헬라-로마 시대를 살면서 시련을 겪고 박해받았지만, 굴하지 않고 성경의 가르침을 따르며 기독교적 가치를 삶으로 실현하고자 노력했습니다. 이 땅에 두 발을 딛고 살면서도 하나님 나라에 소망을 두며 산 것입니다. 심리적인 이민자들이었다고 할까요? 그러했기에 그들은 그 시대와는 다른, 복음적인 라이프스타일을 지닐 수 있었고, 그러한 삶의 방식을 통해 그리스도인이라는 정체성을 드러내었습니다. 이러한 초대교회와 초기 그리스도인들은 혼탁한 세속의 물결 속에서 고투하는 오늘날 한국 교회의 그리스도인들에게 유용한 지침과 교훈을 줄 것이라고 믿습니다. 이 책은 우리 자신을 성찰하는 '역사의 거울'이 될 것입니다.

여러 가지로 부족한 글임에도 불구하고 기꺼이 출판을 허락해 주신 두란노서원에 감사드리고 편집과 출판을 위해 수고해 주신 직원 여러분께 깊은 감사를 드립니다. 이 책이 이처럼 아름답게 제작된 것은 출판부 관계자들의 세심한 배려의 결과입니다. 이 책이 본래의 교회 혹은 원형적인 교회를 알고자 하는 이들에게 다소나마 도움이 되기를 기대하며 기도합니다.

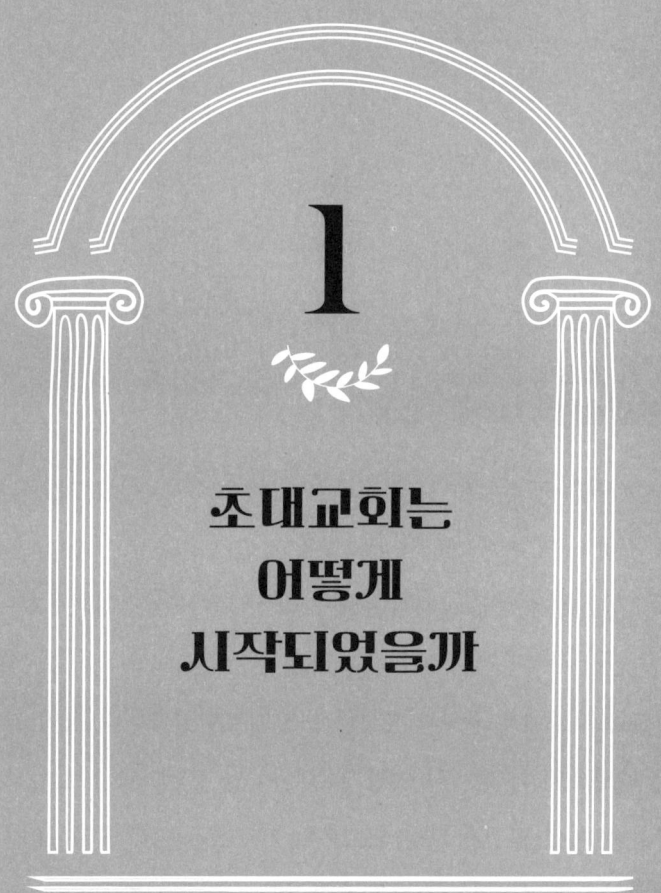

1

초대교회는
어떻게
시작되었을까

최초의 교회는
어떻게 시작되었을까

기독교는 예수님의 생애와 사역으로부터 시작되었습니다. 물론 구약과 유대교적 배경까지 거슬러 올라갈 수 있지만 기독교회의 본격적인 시작점은 예수님의 복음 사역입니다. 그분은 3여 년간 사역하시며 하나님 나라를 선포하고 증언하셨고, 그를 따르는 자들에게 구원과 영생의 길을 가르치셨습니다. 그리고 천국 백성으로 이 땅에서 어떻게 살아야 할 것인가를 가르치시고 본을 보이셨습니다. 그렇게 그분의 가르침을 따라 주후 30년경 예루살렘에 최초의 교회가 탄생합니다.

예수님의 지상 사역은 교회를 설립하는 기초가 되었고, 오순절 성령 강림 사건은 교회 설립의 직접적인 시작이 됩니다. 예수님은 3여 년간 천국 복음을 전파하신 후 예루살렘을 향해 가시기 전 가이샤라 빌립보에서 "주는 그리스도시요 하나님의 아들"
이라는 베드로의 신앙고백을 들으셨습니다. 그때 예수님은 "내가
이 반석 위에 내 교회를 세우리"(마 16:18)라고 선언하십니다. 여기
서 '반석'이란 베드로가 아니라, 베드로가 고백한 "주는 그리스도
시요 하나님의 아들이시니이다"라는 신앙고백을 의미합니다.

예수님의 지상 사역, 십자가와 부활, 그리고 승천을 목격한 제
자들은 감람원으로부터 예루살렘으로 돌아왔습니다. 그런데 그
거리는 "안식일에 가기 알맞은 길"(행 1:12)이었습니다. 유대인들
의 안식일 도보 규례에 의하면 관용적으로 1km 정도의 도보 여
행은 죄가 되지 않는다고 보았던 것이지요. 예루살렘으로 돌아온
제자들은 후에 마가의 다락방으로 알려진 한곳에서 기도에 전력
했고, 오순절 성령의 강림을 경험했습니다. 이때 성령의 충만함
을 받고, 성령의 인도를 따라 다른 방언으로 말하는 이적을 체험
하게 되었습니다.

오순절 성령 강림 사건은 언어의 일치를 보여 주었습니다. 이
현상은 언어의 장벽, 사회 계층, 문화의 차이, 민족적 한계를 뛰어
넘어 전파되어야 할 복음의 성격을 나타낸 사건이었습니다. 이때
성령을 받은 베드로가 설교하기 시작했습니다. 이는 사도행전에
기록된 24개의 강화(講話), 쉽게 말하면 강연 중 첫 번째 강연이자,
베드로의 설교 네 편(2:14-36, 3:12-26, 10:34-43, 15:7-11) 중 첫 번째 선
포였습니다.

베드로의 설교에 대한 반응은 분명했습니다. 설교를 들은 이

들이 죄의 심각성을 깨닫고 "우리가 어찌할꼬"(행 2:37) 하며 상한 심령으로 몸부림쳤습니다. 베드로는 회개하여 죄 사함을 받고 세례를 받으라고 초청했고 이때 3천여 명이 세례를 받고 교회의 성도가 되었습니다. 오순절 성령 강림은 지상 최초의 교회인 예루살렘교회를 탄생시킨 것입니다. 그래서 아우구스티누스는 오순절을 '그리스도교회의 생일'(dies natalis)이라고 부르기도 했습니다. 예루살렘교회는 세계 교회의 모체가 되는 교회였고, 지난 2천여 년 역사를 이어 온 복음 운동의 시원(始原)이 됩니다.

3천 명의 성장 어떻게 이해해야 할까

사도행전 2장 41절에 보면 오순절 성령 강림을 경험하고 회개하여 세례를 받아 교회에 들어온 이가 3천 명이라고 말하고 있습니다. 좀 더 정확하게 설명하자면, "그 말을 받은 사람들은 세례를 받으매, 그날 약 3천 명이 '더해졌다'(added)"고 표현합니다. '더해졌다'는 문자적으로 '앞에 놓다'(place forward)의 뜻인데, 이미 있는 수에서 더 늘린다는 의미가 있습니다. 이렇게 본다면 마가의 다락방에서 성령을 기다리며 기도에 힘썼던 초기 신자 120명에 3천여 명이 더해졌다는 뜻일 것입니다.

그런데 사도행전 4장 4절을 보면 "믿는 자가 많으니 남자의 수가 약 5천이나 되었더라"고 기록되어 있습니다. 신도 수가 3천에서 남자만 5천 명으로 증가되었다는 것입니다. 사도행전에는 신도 수를 명시적으로 말한 경우는 오직 두 번뿐인데, 2장 41절에서는 3천 명, 4장 4절에서는 남자만 5천 명이라는 기록입니다. 이후에는 '제자가 더 많아졌다'(6:1, 7; 9:31 등)거나 '하나님의 교회가 흥왕하여 더하여 갔다'(12:24)라고 말하고 있을 뿐입니다.

그런데 주후 30년경 세례를 받고 예루살렘교회에 편입된 인구가 3천 명에 달했다는 기록은 예사롭지 않습니다. 당시 예루살렘의 상주 인구는 얼마였을까요? 고대 사회는 통계에 무관심했기 때문에 정확하게 말할 수 없으나 J. C. 러셀(J. C. Russell)은 1만 명 정도로 추산했고,[1] 독일의 한스 콘첼만(Hans Conzelmann)은 2만 명으로 추산합니다.[2] 그러나 요하킴 예레미아스는 2만 5천 명으로 추산하는데, 이 중 2만 명은 예루살렘성 안에 거주하였고, 나머지 5천 명은 성 밖에서 살았다고 보았습니다.

F. F. 브루스(F. F. Bruce)나 제임스 오르(James Orr)도 이 견해를 지지합니다.[3] 대체적으로 예루살렘 상주 인구를 2만 명 내지 2만 5천 명으로 간주하는데, 이 중에서 3천 명이 세례를 받았다면 상주 인구의 12~15%에 달하는 상당한 비율입니다. 3천 명 중에는 예루살렘의 상주 인구 외에도 타 지역에서 오순절 절기를 지키기 위해 모여든 이들도 포함되었을 것입니다. 사도행전 2장 9-11절에서도 오순절을 지키기 위해 타 지역에서 예루살렘을 방문한 이들이 있었음을 밝힙니다. 바대(Parthian empire), 메대(Media), 엘람(Elam), 메소보다미아(Mesopotamia), 유대(Judea), 갑바도기아

| 초기 기독교의 세계 |

(Cappadocia), 본도(Pontus), 아시아(Asia), 브루기아(Phrygia), 밤빌리아(Pamphylia), 애굽(Egypt), 구레네(Cyrene), 그리고 로마(Rome)에서 온 이들이었습니다. 말하자면 티그리스강 지역에서 인도, 페르시아 북서쪽, 카스피해 남쪽, 페르시아만 북쪽, 유프라테스와 티그리스강 유역, 소아시아, 이집트, 리비아, 로마 등지에서 모여든 사람들입니다. 정리하면, 3천 명은 예루살렘의 상주 인구만이 아니라 외지인들이 포함된 수효입니다.

그럼에도 불구하고 당시의 3천 명은 적은 수가 아니므로 이를 산술적 통계로 볼 수 없다는 주장도 강하게 제기되었습니다. 한스 콘첼만은 사도행전이 제시하는 기독교인의 수치(數値)는 "주님이 이곳에서 역사하셨다는 경이로운 인상을 부각하기 위한 의도"라고 해석했고, 로버트 그랜트는 "고대의 수치는 수사학적 표현일 뿐이며 이를 문자적으로 받아들일 수 없다"라고 주장한 바 있습니다.[4] 미국의 사회학자 로드니 스타크(Rodney Stark)는, 십자가 사건 이후 수개월 만에 사도행전 1장 14-15절에서 120명의 기독교인이 있었고, 사도행전 4장 4절에서 5천 명의 신도가 있었으며, 사도행전 21장 20절에서는 "유대인 중에 믿는 자 수만 명이 있으니"라고 말하고 있지만 이런 것은 통계가 아니라 문학적인 표현이라고 단정했습니다.[5]

복음의
지리적 확산

회심자 3천 명이라는 수가 예루살렘의 상주 인구만을 의미하는 것이 아니라는 점은 설득력이 있습니다. *The Emergence of the Church*(기독교의 출현)의 저자이자 저명한 신약학자인 아서 팻지아(Arthur Patzia)는 이 점을 분명하게 말하면서, 예루살렘 거주자는 헬라어 '카토이케인'(κατοικεῖν, katoikein)(행 2:5)으로, 타지에서 예루살렘을 방문한 여행객들이나 나그네들은 '에피데문테스'(ἐπιδημοῦντες epidēmountes)(행 2:10)로 표기되었다고 주장했습니다. 개역개정판으로 말하면 '머물러 있던 자'(개역한글에서는 '우거자'[寓居者])와 '나그네'로 구분되었다는 것이지요.

물론 팻지아의 주장이 다른 학자들의 공감을 얻은 것은 아닙니다. 제임스 던(James Dunn), 데이비드 윌리엄스(David Williams), 벤 위더링턴(Ben Witherington), 특히 F. F. 브루스는 사도행전 2장 5절의 "그때에 경건한 유대인들이 천하 각국으로부터 와서 예루살렘에 머물러 있더니"에서 '머물러 있던 자'(dwellings 혹은 residents)가 예루살렘의 상주민(常駐民)을 의미하는지 순례자를 의미하는지 단정할 수 없다고 말합니다. 용어가 의미하는 바와는 상관없이 절기를 지키기 위해 예루살렘을 순례한 이들이 있었으므로 이들 가운데서도 개종자가 있었으리라는 주장은 거부될 이유가 없습니다.

개종자는 3천 명에서 곧 남자만 5천 명으로 증가되었고, 곧 더 많은 남녀의 큰 무리(행 5:14)가 개종하여 교회 공동체의 일원이 되어, 점차 제자의 수가 많아졌습니다(행 6:1, 7). 예루살렘 교회를 시작으로 기독교 복음은 유대 지방에서 소아시아로, 그리고 에게해를 넘어 마게도냐와 아가야 지방으로 확산되었고, 아드리아해를 넘어 제국의 수도인 로마에까지 전파됩니다. 이렇게 되어 예루살렘교회는 세계 교회의 모체가 되었습니다. 이와 같이 예루살렘교회의 탄생 이후 첫 30년의 역사가 기록된 책이 사도행전입니다. 첫 교회사라고 할 수 있는 사도행전은 선교의 과정 혹은 기독교의 지리적 확산 과정을 보여 줍니다. 영국의 교회사학자이자 성경학자인 옥스퍼드대학교의 커스버트 터너(Cuthbert H. Turner)는 사도행전에 기록된 지리적 확장 과정을 여섯 단계로 나누어 설명한 바 있습니다.[6]

예루살렘교회(행 1:1-6:7)

팔레스타인으로 확장되는 교회(6:8-9:31)

안디옥으로 전파되는 교회(9:32-12:24)

소아시아로 확장되는 교회(12:25-16:5)

유럽으로 확장되는 교회(16:6-19:20)

로마로 전파되는 교회(19:21-28:31)

매 단계의 결론 부분(행 6:7, 9:31, 12:24, 16:5, 19:20, 28:31)을 보면 공통적인 언급이 있는데, 그것은 말씀이 전파되고 교회가 흥왕하여 믿는 자가 더 많아졌다는 내용입니다. 단계마다 표현 방식은 달라도 교회의 수적 성장에 대해 동일하게 언급하고 있습니다. 터너와는 달리 아서 팻지아는 기독교의 전파 과정을 다섯 단계로 구분될 수 있다고 말합니다.[7]

예루살렘(행 1:15-8:3)

유대, 사마리아, 갈릴리, 그리고 해안 지역(8:4-11:18)

안디옥과 1차 전도여행(11:19-14:28)

에게해 주변 지역들(15:36-21:16)

로마까지 전파(21:17-28:31)

구분 방식은 다를 수 있지만, 제국의 변방에서 시작된 소수의 예수 운동이 불과 30여 년 만에 로마제국의 주요 도시들을 점령한 것, 초기 기독교가 급성장했다는 점에 대해서는 거의 모든 학자가 동의하고 있습니다. 사도행전에서 성장을 칭하는 대표적인 헬라어 '플레뒤노'($\pi\lambda\eta\theta\acute{\upsilon}\nu\omega$, plēthynō)와 '아욱사노'($\alpha\mathring{\upsilon}\xi\acute{\alpha}\nu\omega$, auxanō)가 빈번하게 사용되었습니다. 전자는 "제자의 수가 더 심히 많아지고," 후자는 "하나님의 말씀이 점점 왕성하여" 등으로 번역되었습니다.

그렇다면 초기 그리스도인들은 어떻게 예배드렸을까요? 다음 장에서는 어디서 모였는지와 모임 장소가 어떻게 변화되어 갔는지에 대해 탐구해 보겠습니다.

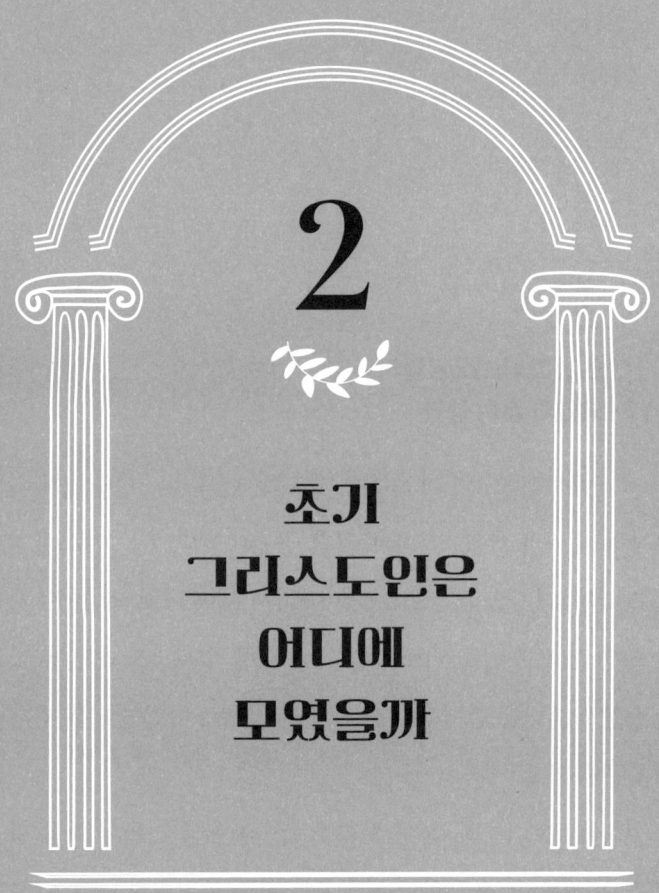

2

초기
그리스도인은
어디에
모였을까

초기 그리스도인들의
모임과 집회 공간

앞서 기독교의 기원에 대해 소개했습니다. 이제 초기 기독
교회의 모임과 예배, 집회와 집회 공간이 어떠했는가를 살펴보
려 합니다. 초기 그리스도인들은 어디서 모여 예배드리고 교제하
며 성찬의 떡과 잔을 나누었을까요? 오늘의 예배당과 같은 집회
소로서 교회당은 언제부터 생겨나게 되었고, 어떤 발전의 과정을
거쳐 갔을까요?

역사적으로 볼 때, 공식 집회소로서 예배당 건물이 처음 발견
된 장소는 256년 유프라테스강 상류 지역에 위치한 두라-유로포
스(Dura-Europos)입니다. 이 고대 도시는 기독교사에서 의미있는
장소입니다. 고대 도시 두라(Dura)를 헬라인들은 유로포스(Δοῦρα
Εὐρωπός, Europos)라고 불렀고 그래서 현대 학자들은 두 이름을 합

쳐 두라-유로포스라고 부릅니다. 1920년 영국군이 이곳을 발굴한 이후 프랑스와 미국의 고고학자들이 연구하기 시작했으며, 20세기 가장 중요한 발굴로 간주되고 있습니다. 바로 이곳에서 그리스도인들의 집회소로 판단되는 교회당이 최초로 발굴된 것입니다.

이 교회당 건물은 256년 이전에 건축되었는데, 칼 볼츠[1]나 베인턴[2]은 230년 혹은 232년경 건축되었다고 추정합니다. 이 건물의 규모는 5m×13m로 최대 60명 정도까지 수용할 수 있었다고 짐작됩니다. 원래 주택이었으나 후일 교회당으로 개축된 것으로 보이는데, 욕조가 딸린 작은 세례실이 있어 이곳에서 세례를 베풀었으리라 추정됩니다. 그런데 1932년에는 이곳에서 미국 미시간대학교 고고학 교수였던 클라크 홉킨스(Clark Hopkins) 박사에 의해 선명한 형태의 유대인 회당이 발굴되었습니다. 이 발굴을 통해 두라-유로포스에는 유대교와 기독교가 공존하고 있었음을 알 수 있습니다.

그런데, 처음 발견된 이 교회당이 230년경에 예배 처소로 개조된 것으로 보더라도 이것은 일반화된 것은 아니므로 적어도 예루살렘에 신약시대 최초의 교회가 설립된(30년경) 이래 약 2백 년간 초기 교회는 독립된 집회소로서 교회당 건물을 갖고 있지 않았음을 알 수 있습니다. 로마 가톨릭 학자인 캐롤린 오시에크(Carolyn Osiek)와 데이비드 볼치(David L. Balch) 같은 학자는 예루살렘교회의 설립 이후 적어도 첫 150년간은 그리스도인 공동체가 예배를

초기
그리스도인은
어디에 모였을까

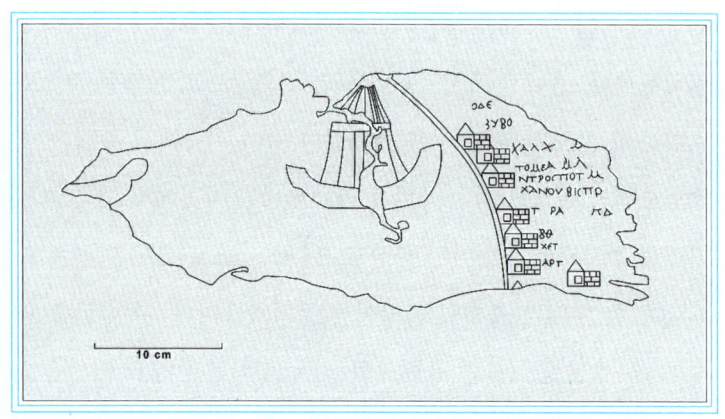

| 두라-유로포스 경로 지도 |

유프라테스 강 유역에 위치한 두라-유로포스로 이어지는 이동 경로와 주변 정착지를 나타낸 도식도
Routemap Dura Europos, D. Herdemerten, Wikimedia Commons, CC BY-SA 3.0

위한 별도의 독립된 건물을 소유하지 않았으며, 단지 필요한 경우 기존의 가용한 장소를 사용했을 뿐이라고 주장했지요.[3]

그런가 하면 브래드리 블루(Bradley Blue)는 "사도행전과 가정교회"(Acts and House Church)라는 자신의 논문에서 4세기 초 곧, 콘스탄티누스가 바실리카(Basilica)라는 최초의 교회당을 세우기까지 약 300여 년간 그리스도인들은 독립된 건물로서 교회당이나 예배 처소를 갖지 못하고 가정집에서 회집하는 가정교회 중심으로 공동체를 유지해 왔다고 주장합니다.[4] 이것은 블루가 그리스도인들의 집회소가 변화한 과정을 개괄적으로 설명하는 내용으로, 초기 그리스도인들은 처음부터 교회당을 소유하지 못했음을 알 수 있습니다.

오늘날 우리는 고린도서는 고린도교회에 보낸 편지이고, 로마서는 로마교회에 보낸 편지라고 말합니다. 그러면서 당시 고린도 지역이나 로마에 교회당 건물이 있었고, 그 건물을 중심으로 회집하는 사람들에게 보낸 편지라고 생각하기 쉽지요. 하지만 사실 바울 서신이 기록될 당시 별도의 교회당 건물이 존재했다는 흔적은 없습니다. 그렇다면 고린도서 혹은 로마서는 어떤 책인가요? 고린도나 로마 지역에 흩어져 사는 성도들에게 보낸 편지일 뿐입니다. 사실 로마서 서두에는 '교회'라는 용어도 나오지 않습니다. 단지, "로마에서 하나님의 사랑하심을 받고 성도로 부르심을 받은 모든 자들에게" 보낸 편지라고 언급하고 있습니다. 당시에는 성도의 가정에서 모이는 가정교회가 있었을 뿐입니다.

가정집에서 시작된 교회

예수님의 승천 후 제자들은 개인의 가정집에서 회집했습니다. 바울의 개종자들이 가정 중심의 공동체를 형성해 간 것은 함께 모일 다른 장소가 없었다는 불가피성 때문만이 아니라 그리스도인들의 은밀한 회집이 가능했기 때문입니다. 또 가정집에는 주방이 있어 공동 식사가 가능했습니다.[5] 건축사학자인 리처드 크라우트하이머(Richard Krautheimer)는 예루살렘에 교회가 설립된 이후 기독교가 로마제국에서 공인을 받는 4세기 초까지(30-313) 그리스도인들의 집회소는 세 단계의 발전 과정을 거쳐 왔다고 보았습니다.[6]

첫 번째 시기는 대략 30년부터 150년까지인데, 이 시기 그리스도인들의 집회소는 신자들의 가정집이었습니다. 두 번째 시기는 대략 150년부터 250년 어간인데, 이 시기는 가정집을 개조하여 전용 집회소로 사용하는 시기였다고 보았습니다. 이 시기 집회소를 '도무스 에클레시에'(domus ecclesiae)라고 불렀습니다. 세 번째 시기는 대략 250년에서 313년까지인데, 콘스탄티누스에 의한 바실리카 형태의 예배당이 세워지기 전으로 사적이든 공적이든 큰 건물이나 홀이 집회소로 대두된 시기라고 합니다. 이를 '아울라 에클레시에'(aula ecclesiae)라고 불렀습니다.

이렇게 볼 때 그리스도인들의 집회소는 개인의 가정집에서, 개조된 가정집으로, 보다 넓은 홀이나 건물로, 그리고 바실리카

교회당으로 변천하는 과정을 겪었다고 할 수 있습니다.

사실 초기 그리스도인들은 별도의 집회소를 생각하지 않았고, 별도의 건물을 소유하지도 않았습니다.[7] 이들에게 있어서 교회는 믿는 자들로 구성되는 모임(會)이지, 건물이 아니었기 때문입니다.[8] 그들이 별도의 집회소에 무관심했던 이유는 세 가지 정도로 살펴볼 수 있습니다.

첫째, 그들에게 있어서 시급한 과제는 제자 삼는 일, 곧 십자가와 부활의 도를 전하는 것이었지 건물을 확보하는 것이 아니었기 때문입니다. 그래서 이방 종교처럼 신전(神殿, temple)이나 신상(神像, Statue)을 갖고 있지 않았습니다. 예수님의 재림이 임박했다는 기대도 이런 의식에 영향을 주었을 것입니다. 그래서 신약성경 어디에서도 별도의 예배 처소에 대한 암시나 요구가 없습니다.

둘째, 가정집은 사적 공간이었으므로 회집자들의 안전이 보장되었기 때문입니다. 개인 주택은 신앙의 자유가 없었던 시대에 회집하기 좋은 공간이었습니다. 이 당시 '가문'이라고 할 때 그 가속(家屬)은 직계 가족만이 아니라 노예나 해방된 노예, 일꾼, 때로는 소작인이나 동업자까지 포함하는 광의의 조직이었습니다.[9] 이들에게 있어서 가정집은 그리스도인들의 안전한 집합 장소였습니다. 사도행전이나 바울의 선교 활동에서 이런 가정 중심의 집회에 대한 다양한 흔적을 발견할 수 있습니다.[10]

셋째, 당시 기독교는 불법적 종교였으므로 합법적으로 재산 취득이 불가능했기 때문입니다. 제자들은 안디옥에서 처음으로 '그리스도인'(Χριστιανός, christianos)으로 불렸는데, 이것은 라틴어로 그리스도당파(partisan of Christ)라는 정치적인 용어였습니다. '그리스도인'이란 단어가 헬라어로 기록되었지만 사실은 로마제국의 공통어인 라틴어에서 유래했다는 것을 알 수 있습니다. 이 점에서 이 호칭이 결국 로마인들에 의해 붙여졌음을 알 수 있지요. 만일 이 용어가 헬라어였다면 그리스도(christos)의 형용사형은 'christesios'나 'christites'가 되어야 합니다. 물론 이 말은 존재하지 않지만 문법적으로 말하면 그런 셈입니다. 그런데 'christianos'로 기록된 것을 보면 로마식(라틴어) 표기임을 알 수 있습니다. 아우구스투스(Augustus)를 따르는 이들을 아우구스티아노스(Augustianos, 혹은 Augustianus), 곧 아우구스투스의 정파(a political partisan of Augustus)라고 불렀던 것과 마찬가지이지요. 이처럼 '그리스도인'은 정치적인 용어였기에 신자들은 이 호칭을 좋아하지 않았고, 이 말은 신약성경에도 단 세 번만 사용되었습니다(행 11:26, 26:28, 벧전 4:16).

어쨌든 초기 그리스도인들은 불확실한 법적 지위 때문에 별도의 집회소로 예배당을 확보하는 일이 시급하지 않았습니다. 이런 현실에서 초기 그리스도인들의 집회소는 개인 주택이었고 가정교회 중심으로 발전했음을 알 수 있습니다.

◇ 예루살렘
◇ 가정교회

초기 기독교는 '가정에서 모이는 교회'로 출발했다고 설명했습니다. 이를 '가정교회'(οἶκος ἐκκλησία, oikos ekklesia, domus ecclesiae)라고 처음 명명한 인물이 있는데, 독일의 아돌프 하르나크입니다.[11] 이후 이 용어가 보편화되었습니다. 가정교회는 교회가 공개적으로 회집할 수 없는 시대에 비밀이 보장된다는 안전성 덕분에 공동체가 생존할 수 있는 모델이었습니다. 신약성경과 가버나움, 로마, 켄트(Kent)에서 발견된 고고학적 흔적은 이 점을 분명하게 보여 줍니다. 신약성경에는 여러 지역에 가정교회가 있었다는 흔적이 여럿 남아 있는데, 먼저 예루살렘의 가정교회에 대해 살펴보면 좋을 것 같습니다.

사도행전 1-5장에서 예루살렘교회가 가정교회로 시작되었음을 암시하는데, 특히 2장 43-47절, 4장 32-37절, 5장 12-16절, 42절을 보면 신자들이 개인 집에서 모였음을 알 수 있습니다. 누가는 예수의 제자들이 감람산에서 예루살렘으로 돌아와 '들어가 그들이 유하는 다락방으로 올라가니… 그 모임에는(ἐπὶ τὸ αὐτό, in one place) 약 120명이 모였다'라고 기록했습니다(행 1:13-15). 누가는 이곳을 마가라고도 하는 요한의 어머니 마리아의 집이라고 했습니다. 이곳은 예수님의 승천 후 제자들과 여인들, 그리고 예수의 어머니와 형제들이 모였던 다락방(행 1:13)이었고, 맛디아를 선출하고(행 1:26) 오순절 성령 강림이 일어난 바로 그 '가정집'이

초기
그리스도인은
어디에 모였을까

었습니다(행 2:2).

누가는 사도행전 2장 1절에서, "그들이 다 같이 한곳에(ἐπὶ τὸ αὐτό) 모였더니"라고 전했는데, 이 '한곳'은 어떤 장소에 회집된 그룹이나(행 1:15, 2:1, 고전 11:20, 14:23), 기독교 공동체의 모임(행 2:46)을 칭하는 의미이며, 이들이 회집했던 '한곳'은 바로 개인의 가정집임을 알 수 있습니다. 또한 스데반의 순교 이후 바울의 기독교 박해를 보도하는 사도행전 8장 3절은 이렇게 기록합니다. "사울이 교회를 잔멸할새 각 집에 들어가 남녀를 끌어다가 옥에 넘기니라." 사울이 각 집마다 찾아다니면서, 남녀들을 끌어갔다는 점은 남녀들로 구성된 가정교회가 있었음을 암시합니다.

사도행전 12장 12절에 언급된 마가라 하는 요한의 어머니 마리아의 집은 예수님의 승천을 목격하고 돌아온 제자들이 모였던 바로 그 '집'으로서, 은밀한 가정교회였습니다. 이곳은 '여러 사람이 모여 기도하던 곳'으로서 예루살렘 그리스도인들의 집회소였습니다. 감옥에서 나온 베드로가 이곳으로 찾아간 사실, 천사가 이곳까지 길을 안내한 사건이나(행 12:10) 로데라는 여종이 영접하러 나온 일(12:13), 그리고 그리스도인들이 이 집에 모여 있었다는 점(12:14-15)과 베드로가 놀란 성도들을 진정시킨(12:17) 기록은 이곳이 주된 집회소이자 은밀한 가정교회였음을 보여 줍니다. 특히 헤롯 아그립바의 군대가 출옥한 베드로 수색에 실패한 것은 그리스도인들의 모임이 은밀한 가정교회 중심으로 운영되고 있었기 때문이었을 것입니다.

베드로의 투옥 및 출옥과 관련한 본문에서 베드로가 자신의 기적적인 석방을 이야기한 후 "또 야고보와 형제들에게 이 말을 전하라 하고 떠나 다른 곳으로"(12:17) 갔다는 기록으로 보아, 야고보가 중심이 된 다른 가정교회가 있었으며, 베드로가 향한 또 다른 제3의 가정교회가 존재했음을 추측해 볼 수 있습니다.

흥미로운 사실은 예루살렘에 다수의 가정교회가 있었음에도 불구하고 그들을 공동체 전체를 하나의 교회, 곧 '예루살렘교회'로 인식하고 있다는 점입니다. 이러한 사실은 누가가 장로나 감독을 그 지역의 개별 가정교회와 연결해 언급하기보다 그 도시 전체와 관련하여 언급하는 데서도 분명하게 드러납니다(행 14:23, 20:17). 바울도 그러했습니다(딛 1:5). 로마서의 경우, 바울이 로마에 복수의 가정교회가 있었음을 알고 있음에도 불구하고 개별 서신을 보내지 않고 하나의 서신을 보낸 이유는 모든 가정교회가 오직 하나의 교회를 구성한다고 보았기 때문일 것입니다.

이방 지역 가정교회

이방 지역 가정교회에 대한 흔적은 사도행전 13장 이후로 여기저기 흩어져 적혀 있습니다. 바울은 데살로니가의 야손의 집(17:5), 드로아에 있는 집(20:8), 에베소의 여러 집(20:20), 가이사랴 빌립의 집(21:8), 예루살렘의 나손의 집(21:16)에 기거하며 가르치

고 환대를 받았는데, 이런 집들이 초기 기독교 공동체의 집회 장소였을 것입니다.[12]

바울 서신에는 더욱 분명하게 초기 기독교 공동체가 가정 중심의 교회를 형성하고 있었음을 보여 줍니다. 에베소에는 브리스길라와 아굴라가 중심이 된 가정교회가 있었습니다. 이 점은 "아굴라와 브리스가와 그 집에 있는 교회가 주 안에서 너희에게 문안한다"(고전 16:19)라는 바울의 언급에서 분명히 알 수 있습니다.

고린도에는 여러 가정교회가 있었던 것으로 보입니다. 바울은 고린도에서 그리스보와 가이오에게 세례를 주었다고 말하고 있는데(고전 1:14) 그리스보가 회당장으로 온 집안과 더불어 주를 믿었던 인물이었음(행 18:8)을 고려해 볼 때 자신의 집을 가정교회로 제공했을 가능성이 높습니다. 가이오는 '온 교회 식주인'(the host of the all the church, 롬 16:23)으로 소개되고 있는데, 그는 바울에게만이 아니라 전체 교회에 후의를 베풀었던 인물로 보입니다. 이 점은 가이오의 집 또한 가정교회로 사용되었음을 짐작게 합니다. 또 바울은 고린도에 있을 때 스데바나 집 사람에게 세례를 베풀었는데(고전 1:16), 스데바나의 집은 아가야 지방의 첫 열매라고 소개합니다(고전 16:15). 그의 집이 "성도 섬기기로 작정"했다는 바울의 언급은 그의 집이 가정교회로 제공되었음을 암시하고 있습니다.

데살로니가에도 하나 이상의 가정교회가 있었습니다. 데살로니가전서 5장 27절에서 바울은, "내가 주를 힘입어 너희를 명하노니, 모든 형제에게 이 편지를 읽어 주라"고 당부하는데, 이것은 바울이 데살로니가 시내에 하나 이상의 가정교회 그룹이 있었음을 인식했다고 해석할 수 있습니다. 이 본문에 근거하여 신약학자인 아브라함 말허비(A. Malherbe)는 데살로니가에는 적어도 두 개 이상의 서로 다른 가정교회 그룹이 있었다고 확신하고 있습니다.[13] 그는 또 라오디게아에도 하나 이상의 가정교회가 있었음(골 4:15)을 바울은 알고 있었다고 합니다.[14] W. G. 큄멜(W. G. Kümmel)은 골로새서 4장 15, 17절과 빌레몬 1장 2절에 근거하여 골로새에는 두 개의 가정교회가 있었다고 주장합니다.

바울은 로마를 방문한 일이 없었지만 로마시에는 적어도 세 개 이상의 가정교회가 있었다는 점을 알고 있었습니다(롬 16:5, 14, 15). 로마서 16장에서 바울은 자신이 알고 있거나 함께 일했던 26명에게 문안하고 있는데, 이 내용은 흥미롭게도 가정교회에 대한 정보를 제공하고 있습니다. 16장에는 적어도 세 개의 가정교회가 언급되고 있습니다.

첫 번째는 '브리스길라와 아굴라의 집에 있는 교회'였습니다(롬 16:5). 아굴라가 유대인이어서, 아마도 유대인 그리스도인들의 가정교회로 보입니다. 브리스길라와 아굴라는 바울처럼 장막을 만드는 사람으로서(행 18:3), 어느 한곳에 정주(定住)하지 않고 여러 지역을 순회하였습니다.[15] 즉 본도에서 출생한 아굴라는 로마에 거주하다가 클라우디우스 황제의 유대인 추방령에 따라 고린도로 이주하였고(행 18:2), 다시 에베소로 옮겨 갔으나(행 18:18), 다시 로마로 돌아간 것으로 보입니다. 사도 바울은 고린도에서 이 부

부와 접촉하게 되었고, 이 부부 집에 가정교회가 형성된 것으로 생각됩니다. 이들은 바울과 함께 에베소로 이거하여 그곳에 다시 가정교회를 세웠습니다(고전 16:19). 후에 브리스길라와 아굴라는 로마로 건너가 그곳에서 자신의 집을 가정교회로 제공했을 것입니다.

두 번째는 아순그리도, 블레곤, 헤메, 바드로바, 허마와 그들과 함께 있는 형제들을 포함하는 가정교회였습니다(롬 16:14). 헬라 이름으로 보아 이들은 유대인이 아니었음을 알 수 있습니다. 앞의 세 사람은 동부 그리스 출신이고, 바드로바와 허마는 로마의 노예 이름이었기에 이들은 노예이거나 해방된 노예였을 것입니다. 아순그리도, 블레곤, 헤메, 바드로바, 허마로 대표되는 신자들은 다른 '형제들'과 함께 가정교회를 구성하고 있었음을 알 수 있습니다.

로마의 세 번째 가정교회는 빌롤로고와 율리아, 네레오와 그의 자매와 올름바와 그들과 함께하는 모든 성도의 교회였습니다(롬 16:15). 율리아는 라틴 이름이고, 나머지는 모두 헬라 이름입니다. 율리아는 '해방'이라는 라틴 이름을 얻은 헬라인 노예였을 것으로 추측됩니다. 빌롤로고와 네레오는 로마에서 흔한 노예의 이름입니다. 네레오와 그의 자매는 해방된 노예로 추측됩니다. 그래서 빌롤로고와 율리아, 네레오와 그의 자매 올름바로 대표되는 신자들은 다른 성도와 함께 또 하나의 가정교회를 구성하고 있었던 것으로 보입니다. 즉, 가정교회의 구성도 추측할 수 있습니다.

이상의 가정교회 중 첫 번째 교회는 다수의 유대인들로 구성되었으나, 다른 두 교회는 헬라어를 사용하는 노예나 해방된 노예들로 구성된 이방인들의 교회였음을 알 수 있습니다.

아브라함 말허비는, 바울의 목회 서신들이 초기 기독교 공동체가 가정 중심의 공동체였고 가정교회 형태였음을 뒷받침한다고 주장합니다.[16] 바울의 후기 서신이라고 할 수 있는 목회 서신에서는 이단의 출현과 가정을 향한 침입을 경계하고 있는데(딤후 3:6, 딛 1:11), 이 서신에서는 집(가정)을 의미하는 헬라어 '오이코스'(οἶκος, oikos)와 그 동족어가 매우 빈번히 나오고 있습니다(딤전 3:4, 5, 12, 15; 5:4, 8, 13, 14; 딤후 2:20; 딛 1:7, 11 등). 교회는 하나님의 집으로 묘사되고 있고(딤전 3:15, 딤후 2:20), 직분자의 자격을 말할 때마다 가정을 잘 다스려야 한다는 점이 강조되고 있습니다(딤전 3:4-5, 12, 5:4). 이렇듯 가정을 강조하는 가르침도 당시 교회가 가정교회적 형태였다는 방증이라고 봅니다.

◈ 가정교회, 왜 알아야 할까

가정집을 집회소로 하는 가정교회 형태는 2세기 중엽이나 2세기 말까지 계속된 것으로 보입니다.[17] 이 경우 주택을 소유한 비교적 부유한 그리스도인은 후견인(patron) 역할을 했을 것입니다. 후견인은 자신의 집을 개방하여 예배 처소로 제공하고, 회

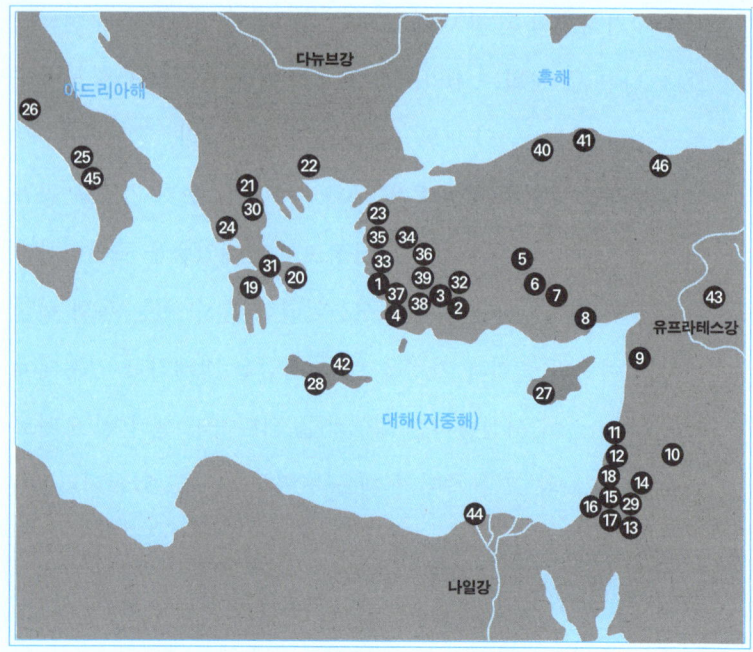

| 70년까지 형성된 기독교 공동체 현황 |

주후 70년 이전 기독교 공동체가 형성된 지역

① 에베소 **②** 골로새 **③** 라오디게아 **④** 밀레도 **⑤** 밀레도 **⑥** 루스드라 **⑦** 더베 **⑧** 다소 **⑨** 수리아 안디옥 **⑩** 다매섹 **⑪** 시돈 **⑫** 두로 **⑬** 예루살렘 **⑭** 펠라 **⑮** 가이샤리 **⑯** 욥바 **⑰** 룻다 **⑱** 돌레마이(악고) **⑲** 고린도 **⑳** 아덴 **㉑** 데살로니가 **㉒** 빌립보 **㉓** 드로아 **㉔** 니고볼리 **㉕** 보디올(행28:13) **㉖** 로마 **㉗** 바보 **㉘** 고르티나 **㉙** 사마리아 **㉚** 베뢰아 **㉛** 겐그리아

주후 70-100년 사이 기독교 공동체가 형성된 지역

㉜ 히에라폴리스 **㉝** 서머나 **㉞** 두아디라 **㉟** 버가모 **㊱** 사르디스 **㊲** 마그네시아 **㊳** 트랄레시아 **㊴** 빌라델비아 **㊵** 아마스트리스(아마스라) **㊶** 시노페 **㊷** 크노소스 **㊸** 에뎃사 **㊹** 알렉산드리아 **㊺** 헤르쿨라네움 **㊻** 아미소스

집하는 성도들에게 음식을 제공하거나 소요 경비를 부담하고, 또 그들에게 도움을 주는 역할을 감당합니다. 이런 후견인 역할을 한 인물이 로마서 16장 1, 2절에 언급된 뵈뵈였습니다. 개역개정 성경에서는 그가 사도들의 '보호자'가 되었다고 번역하고 있으나, 그 '보호자'란 '후견인'이었다는 의미입니다. 그런데 이런 가정집의 경우, 회집할 수 있는 인원은 50여 명 미만이었을 것으로 추정됩니다. 그렇다면 우리는 왜 초기 가정교회를 알아야 할까요?

초기 기독교의 가정교회에 대한 선구적인 연구자는 플로이드 필슨(Floyd V. Filson)인데, 그는 1939년에 발표한 "초기 가정교회의 의의"(The Significance of the Early House Churches, *Journal of Biblical Literature*, LVIII, 105-112)라는 논문에서 가정교회에 대한 연구는 다섯 가지 점에서 사도 시대의 교회를 이해하는 데 도움을 준다고 해석했습니다.

> 첫째, 기독교의 예배가 유대교의 관행들로부터 지대한 영향을 받았음에도 불구하고 가정교회는 사도 시대 초기부터 유대교와 뚜렷이 구분되는 그리스도교적 예배와 식탁 교제를 가능하게 했다는 점.
> 둘째, 바울 서신과 초기 기독교 문서에 나타난 가정교회는 신자의 가정 생활의 중요성을 확인시켜 주었다는 점.
> 셋째, 한 지역에 몇 개의 가정교회가 독립적으로 존재했다는 점은 사도 시대에 일종의 당파적 경향이 있었음을 암시해 준다는 점.

넷째, 초기 기독교의 가정교회 상황에 대한 연구는 초기 기독교 신자들의 사회적 신분을 보여 주고 있다는 점.

다섯째, 교회의 제도나 그 변천 과정은 가정교회에 대한 연구 없이는 이해될 수 없다는 점.

종합해 보자면, 플로이드 필슨은 가정교회에 대한 이해 없이는 사도 시대 교회의 모습을 정확하게 헤아릴 수 없다고 판단했습니다. 112년경 비두니아의 총독 플리니(Pliny, the younger)는, 기독교의 확산을 보고하면서 "이 미신의 전염성은 도시에만 제한되어 있지 않고, 마을과 농촌으로까지 확산되고 있다"라고 했는데, 블루는 이런 가정 중심의 기독교 공동체가 갈릴리 해변에서 시작된 기독교 운동을 로마의 변방까지 신속하게 확장시켰던 유효한 요인이었다고 해석하고 있습니다.[18]

되돌아보면 기독교가 박해를 받고 신앙의 자유를 누리지 못하던 시기에 가정교회는 교회가 살아남기 위한 생존의 모델이었습니다. 그렇기에 가정교회의 모습은 단순한 과거의 역사가 아니라 교회가 어려운 시대 속에서도 어떻게 신앙과 공동체를 지켜 왔는지를 보여 주는 중요한 단서가 됩니다.

이후
집회소의 변화

예루살렘과 이방 지역의 가정교회에 대해 소개했으니 이제 이후의 변화에 대해 살펴보겠습니다. 2세기 중엽, 그리스도인 공동체의 집회소에는 변화가 나타나기 시작합니다. 개인의 가정집을 수리, 확장, 혹은 개조하여 전적으로 종교적 목적으로 이용하는 새로운 형태의 가정교회가 대두된 것입니다. 이것은 더욱 편리한 회집과 예배를 위한 자연스러운 발전이었습니다. 변화에 대한 분명한 증거가 앞서 언급한 바 있는 두라-유로포스에서 발견된 가정교회이지요. 이 가정교회는 두 방 사이의 벽을 허문 직사각형의 구조로서 5.15m×12.9m 크기의 60명까지를 수용할 수 있는 건물이었습니다.[19] 이런 변화와 함께 기독교 예배가 공적인 예전에 따라 진행된 것으로 보이며 이는 주목할 만한 변화입니다.

기존의 건물을 개조하거나 확장하여 보다 넓은 홀로 변천하는 이 시기의 집회소를 미카엘 화이트(Michael White)는 '교회의 홀'(aula ecclesiae, hall of the church)이라고 불렀습니다. '교회의 집'(house of the church)이라고 불린 가정교회 이후에 등장한 집회소를 칭하는 말입니다. 개인 집에서 더욱 확장된 가정교회로 발전된 이 시기에 예배는 점차 제도화되었습니다. 예배 의식이 집회 장소와 환경과 더불어 변화를 겪는 것은 당연한 일일 것입니다. 교회가 언제부터 예배 의식을 문서화했는가는 알 수 없으나 2세기에 접어들면서 기도문이 작성되었고, 감독교회로 발전하는 과정을 거쳤습니다.

3세기 말까지는 여전히 개조된 가정교회가 중심을 이루지만 크라우트하이머의 지적처럼 약 250년을 경과하면서 별도의 집회소로서 교회당 건물이 세워지기 시작합니다. 이런 변화는 당시의 정치적 상황을 주목하면 이해할 수 있습니다. 249년 로마제국의 황제가 된 데키우스(Decius)는 기독교가 별로 전파되지 않은 다뉴브강 유역인 북부 출신의 인물로, 그의 큰 관심사는 로마의 옛 명성을 회복하는 일이었습니다. 당시 로마제국이 겪는 경제, 사회적 불안을 로마가 옛 신들을 버린 결과로 여겨 이교(異敎)의 부흥을 의도했습니다. 이것이 그가 시행한 종교 정책의 기반이었습니다.

그래서 그는 기독교에 적대감을 가지고 250년부터 기독교를 혹독하게 탄압하기 시작했습니다. 이 시기가 로마제국에서 전염병이 창궐하던 시기였습니다. 데키우스의 목표는 순교자를 만드는 것이 아니라 배교자를 만드는 것이었습니다. 그는 신들에게 드리는 제사 의식에 참여하는 자에게는 증명서(libelli)를 발급하고, 증명서가 없는 이들을 처벌하는 등 조직적으로 기독교인들을 탄압했습니다. 데키우스가 251년 고트족과의 전투에서 사망하자 그의 친구 발레리아누스(Valerianus)가 다음 황제가 되어 전임자의 정책을 고수했습니다. 그도 곧 야만인(페르시아인)들에게 포로로 잡혀갔고 그의 아들 갈리에누스(Gallienus)가 260년 황제가 되었습니다.

갈리에누스는 기독교를 모질게 탄압했음에도 불구하고 기독교의 영향력이 확대되는 현상을 보면서 기독교에 대한 통제나 박해가 유효한 결과를 가져오지 못한다는 사실을 인식하기 시작했습니다. 그는 곧 기독교에 대한 박해를 중단하였고, 이후 40여 년간 평화가 이어집니다. 이런 연유에서 260년 이후 약 40년, 특히 270년에서 303년까지 기독교 개종자들이 늘어났고, 여러 지역에 별도의 집회소로서 예배당이 세워지기 시작했습니다. 이것은 예배당 건축사에서 중요한 발전이었습니다.

260년 이후 별도의 집회소로서 예배당 건물이 세워지기 시작했다는 점은 교회사가인 유세비우스의 《교회사》에서도 분명히 드러납니다. 유세비우스는 303년 이전에도 과거의 건물에 만족하지 않고 건축 기금을 사용하여 모든 도시에 큰 예배당을 세우고자 하는 기독교인들이 많았다는 사실을 지적하고 있습니다.[20] 이 진술이 다소 과장되었음을 감안하더라도 콘스탄티누스 이전 시대에 이미 어느 정도의 예배당 건물, 곧 바실리카들(basilicas)이 존재했으리라고 그랜트는 지적하고 있습니다.[21]

초기
그리스도인은
어디에 모였을까

바실리카
예배당의 출현

앞에서 이야기했듯, 260년 이후로 별도의 집회소로 교회 당 건물이 세워지기도 했지만 여전히 가정교회 형태가 주류를 이루고 있었습니다. 또 한 가지 주목할 사실은 '에클레시아'라는 용어가 '회'(會), 혹은 '모임'을 의미할 뿐 아니라 적어도 270년 전후부터는 예배당 건물을 칭하기도 했다는 점입니다. 40여 년간 평화가 유지되다가 284년 황제가 된 디오클레티아누스(Diocletianus, 재위 284-305)는 재위 19년째인 303년 9월에 칙령(βασιλικὰ γράμματα, an imperial letter)을 내려 기독교회를 강하게 탄압하기 시작했습니다. 예배당을 파괴하고 성경을 불사르며 고위직에 있는 기독교 신자들을 공직에서 축출하고 공민권을 박탈하는 등 약 10년간 혹독한 박해가 계속되었습니다.

유세비우스는《교회사》8권 2장에서 이때의 상황을 기술하면서 '예배당의 파괴'를 다루고 있는데, 주목할 점은 교회를 '기도하는 집'(house of prayer, οἴκους ἐζύψους)이라고 말하면서 '교회당'을 '에클레시아'(ἐκκλησίας)라고 칭하여, 이 단어가 성도들의 모임일뿐만 아니라 교회당 '건물'을 칭하게 되었음을 보여 주고 있습니다.[22] 이 점은 이보다 약간 앞선 3세기 말 예배당의 파괴를 말할 때도 마찬가지였습니다. 이렇게 볼 때 적어도 270년경부터 흔히 교회로 번역되는 에클레시아라는 단어는 교회 건물을 칭하는 용어로도 사용되었음을 알 수 있습니다.[23]

그렇다면 313년 제국의 공인(公認)을 받은 이후로 기독교의 상황은 어떠했을까요? 예배 처소는 어떤 변화를 겪게 됐을까요? 30년 예루살렘에 첫 교회가 설립된 후 300여 년간 탄압을 받았던 기독교는 이제 여타의 종교와 마찬가지로 종교적 자유를 누리게 되었습니다. 기독교를 공인한 밀라노칙령의 내용이 전부 알려지지는 않았으나, 기독교에 대한 탄압을 중지하고 기독교회들과 묘지, 기타 재산을 되돌려준다는 내용이 포함되어 있었습니다. 이제 기독교회는 불법 집단이 아니라 합법적인 종교로 인정을 받았고, 공개적인 활동이 보장되었습니다.

이후 기독교는 점차 제국의 종교로 변모되어 갔습니다. 기독교가 공인될 당시 제국 내의 기독교 인구는 약 10%로 추산되고 있으나,[24] 곧 그 수가 크게 증가하기 시작했습니다. 콘스탄티누스의 전임 황제들이 정치적인 이유로 기독교인들을 박해하였듯이 콘스탄티누스는 정치적인 이유에서 기독교에 관용을 베풀었기 때문입니다.

이렇게 볼 때 기독교를 공인한 밀라노칙령(313)은 그리스도인과 기독교회에 커다란 변화를 가져왔고, 동시에 예배당 건축에도 엄청난 변화를 주었습니다. 바로 '바실리카'라고 불리는 예배당이 출현한 것입니다. '바실리카'는 로마 시대 건축 양식을 의미하는데, 바실리카라는 말은 '왕의 집'이라는 의미의 바실리케(basiliche)에서 유래했습니다. 바실리카 양식이란 벽으로 둘러싸인 직사각형의 건축 양식인데, 한쪽 끝에서 다른 쪽 끝까지 개방된 홀(hall)이 있고, 줄을 맞추어 기둥이 세워져 있는(列柱) 건축 양식입니다.[25] 이런 양식은 기독교 이전 시대 이탈리아나 로마에서 흔히 볼 수 있었습니다. 호주 시드니의 퀸 빅토리아 빌딩과 같은 건축 양식이 바로 바실리카 양식입니다.

이미 건축된 바실리카 양식의 건물을 교회가 예배처로 이용하기도 했지만, 바실리카 양식의 교회당을 건축하기도 했습니다. 콘스탄티누스 이전의 예배당은 단순하고 소박하게 개조된 가정집에 불과했으나, 콘스탄티누스와 그 후계자들이 건축한 교회당은 규모가 크고 찬란한 직사각형의 바실리카 양식의 건물이었습니다. 예배당에 모였던 그리스도인들이, 공인 이후에 웅장한 교회당을 세우며 신앙을 드러내기 시작한 것이지요. 이런 점에서 4세기 초의 바실리카의 출현은 교회당 양식 혹은 기독교 건축사의 분수령이 되었습니다.

바실리카의 구조

그렇다면 바실리카 교회당의 구조는 어떠했을까요? 아트리움(atrium), 회중석(naves) 그리고 성소(sanctuary)로 3등분되었는데, 아트리움은 벽돌에 둘러싸인 사각형의 형태를 띤 입구이며, 회중석은 바실리카에서 가장 넓은 공간이며, 성소는 회중석 끝에 위치하였고 그 바닥이 한층 높았습니다. 성소에는 예식을 주

| 시리아 알레포 인근에 위치한 성 시메온 바실리카의 현관 |

관하는 목회자들을 위한 좌석이 있었는데 감독을 위한 좌석을 '보좌'(cathedra)라고 하였습니다. 이 단어로부터 '성당'(cathedral)이라는 용어가 파생되었지요.

최초로 바실리카 양식의 교회가 건축된 것은 313년 건축을 시작한 라테란의 성 요한(St. John in Lateran) 교회당이었습니다. 이곳은 콘스탄티누스가 경쟁자 막센티우스와 치른 밀비안 다리(橋) 전투에서 승리한 것을 기념하여 로마의 첼리오 언덕 위에 지은 전형적인 바실리카 형태의 건축이었습니다.[26] 5랑식(廊式)으로 네이브(Nave, 회중석, 중앙의 넓은 홀)와 안쪽 아일(Aisle, 네이브 양옆의 복도) 사이는 콜로네이드(Colonnade, 열주, 일정한 간격으로 세워진 기둥의 줄)로, 바깥쪽 아일은 아케이드(Arcade, 여러 개의 아치 기둥)로 각각 지었는데, 314년 완성되었습니다.[27]

315년경에는 두로에 바실리카 형태의 예배당이 건축되었습니다. 그 후 콘스탄티누스는 로마 7개처에 교회당을 건축하고, 콘스탄티노플에는 '성스러운 평화'라는 이름의 세인트 아일린 교회당을 짓도록 지시했습니다. 그의 어머니 헬레나는 베들레헴에 성탄교회를, 그리고 감람산교회도 건축했습니다.

제국의 주요 도시에는 큰 교회당이 건축되었는데, 이러한 건축은 회집의 필요성보다는 자기 이름을 후대에 남기고자 했던 콘스탄티누스와 그 후계자들의 의도에 따라 계속되었습니다. 지금은 그 당시 건축한 교회당이 거의 파괴되었지만 그 기본 구조를 짐작해 볼 수 있습니다. 문제는 이런 외형적인 웅대함과 찬란함 속에 진정한 경건과 믿음은 점차 사라져 갔다는 점입니다. 그래서 크리소스토모스와 같은 교부는 이런 외적 치장을 경계했습니다.

초기 기독교는 바실리카 형식의 예배당을 건축했으나 유럽 사회의 건축 양식의 변천과 함께 중세에는 로마네스크식, 고딕식, 르네상스식, 바로크식, 혹은 네오고딕식 등 다양한 형태의 건축 양식으로 발전하였습니다.

첫 3세기 동안의 예배당 변천 과정에 대해 살펴보았습니다. 정리하면 초기 교회는 가정교회로 출발하였고, 예루살렘교회의 설립 이후 200여 년간 별도의 예배당이 없었으나, 256년 최초의 공식 집회 장소로서의 예배당 건물이 유프라테스강 상류 지역에 위치한 두라-유로포스에서 발견되었다는 점을 언급하였습니다.

교회의 설립 이후 대략 150년까지 그리스도인들의 공식 집회소는 가정집이었으나, 150-250년 어간에는 가정집을 개조한 예배당이, 250년 이후에는 기존의 건물이나 홀이 집회소로 사용되었고, 313년 기독교 공인 이후에는 바실리카 형태의 교회당이 세워졌습니다. 초기 기독교회는 이방 종교와는 달리 신상이나 신전과 같은 별도의 건물을 소유하지 않았고, 평범한 가정집에서 모였습니다. 이것이 기독교 공동체와 다른 종교와의 큰 차이점이기도 했지요. 이런 점에서 당시 사람들은 기독교 신앙 공동체를 철학 학파로 간주했었습니다. 훗날 기독교회가 종교적 목적을 위한 별도의 건물을 소유하게 되자 스위스의 에밀 브룬너는, 단순한 신자의 모임(에클레시아)이었던 기독교 공동체가 교회당(Kirche)을 소유하게 되는 것은 타락이라고 불렀습니다. 아마도 4세기 이후 교회당, 교회당 구조의 사치스러운 변화에 대한 지적이었을 것입니다.

초기 한국 교회는 기존의 초가(草家)나 한옥, 혹은 개조된 한옥을 예배 처소로 이용했으나, 1910년 이후 건립되는 예배당은 서양식 구조를 따르기 시작합니다. 미국 교회 선교사들을 통해 미국 교회의 건축 양식을 답습한 것으로 보입니다. 한국 교회가 서양식으로 예배당을 건축하는 일에 대해 최초로 이의를 제기한 인물은 캐나다 출신 선교사 게일(James Scarth Gale, 1863-1937)이었습니다. 게일은 예배당 건축에까지 서양식을 고집할 필요는 없다고 보았습니다.

그렇다면 이렇게 예배당이 변천됨에 따라 초기 그리스도인들은 어떻게 예배드렸을까요?

빌립보에 남아 있는
바실리카 형태의 교회 유적

바실리카 형태의 로마
산타 마리아 마조레 대성당

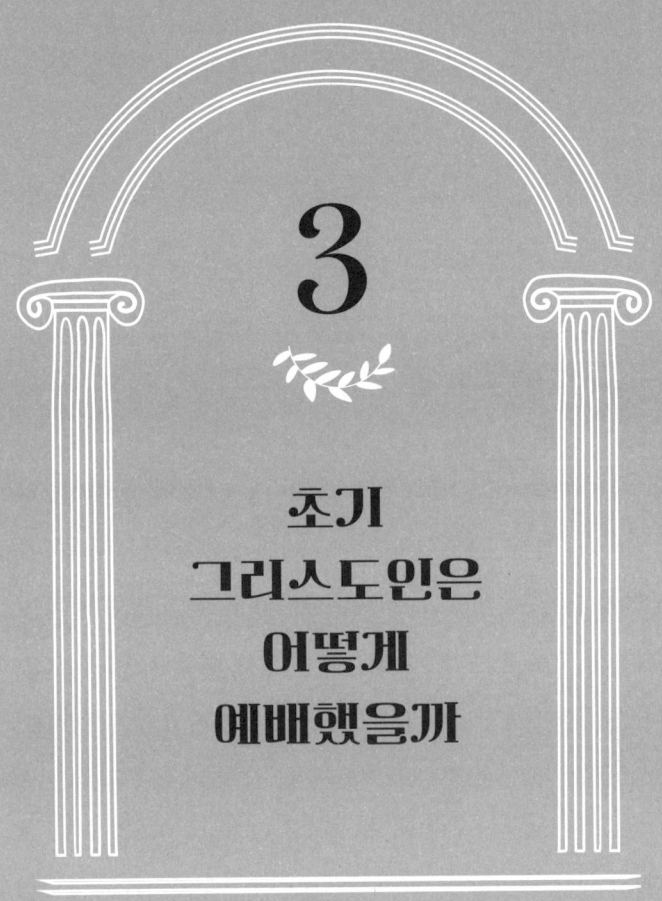

3

초기
그리스도인은
어떻게
예배했을까

그리스도인의
예배

　예배(禮拜)란 사전적으로 '초월적 존재 앞에 경배하는 의식'을 말하며, '절하다'와 '섬기다'라는 의미가 있습니다. 예배를 뜻하는 영어 단어 '워십'(Worship)은 worth-ship, 곧 합당한 가치를 돌린다는 뜻으로 볼 수 있습니다. 다시 말해 예배란 종교적으로 숭배하는 대상에게 합당한 가치를 돌리는 행위라고 볼 수 있지요.

　예배에서 중요한 것은 무엇일까요? 세 가지로 꼽을 수 있습니다. 첫째는 '예배의 대상이 누구인가'입니다. 신들을 향한 종교 행위인 예배는 이방 종교에서도 실행되는 의식이므로 우리에게 중요한 것은 예배의 대상을 아는 것입니다. 예배받으실 만한 하나님께 드리는 예배가 참된 예배입니다(출 20:3-10, 신 10:12-13, 왕하 17:37-40). 둘째는 '기독교 예배는 이교의 예배와 근본적으로 다르다'는 점입니다. 이교의 예배는 신들을 향한 일방적인 행위이지만, 기독교의 예배는 하나님이 주시는 말씀을 듣고 그분이 베푸시는 은혜에 감사하고 응답하는 행위입니다. 곧 예배는 우리가 믿은 하나님의 말씀과 은혜에 대한 감사이자 응답이라 할 수 있습니다(히 4:16, 눅 7:36-50, 17:11-19). 셋째, '예배는 예배자의 신관(神觀)을 반영한다'는 점입니다. 예컨대, 어떤 사람이 항상 동쪽을 향해 기도한다면 그 사람은 자신이 믿는 신이 동쪽에 거한다는 믿음이 있기 때문일 것입니다. 이처럼 예배의 대상을 어떻게 인식하는가에 따라 예배 방식이 결정됩니다. 즉 예배는 자신이 믿는 신적 존재에 대한 인식이 반영되어 있습니다.

초기 그리스도인들은 그들이 믿은 바에 따라 단순한 형식의 예배를 드렸습니다. 그러나 2세기 교회가 조직화되고 제도화되어 감에 따라 예배를 위한 예전이 생겨나게 되고, 점진적 변화 과정을 거쳐 차츰 의식화(儀式化)되기 시작합니다. 2세기 이후 교회의 계급화, 곧 교계(敎階) 제도가 대두하게 되자 예배 순서도 복잡해져 6세기 이후 중세 시대에는 예배가 더욱 의식화되었습니다. 그래서 종교개혁자들은 교회 제도와 함께 예배 형식의 개혁도 주장하게 된 것이지요. 그 개혁이란 초기 교회의 단순한 예배 형식을 회복하려는 것이었습니다. 17세기 청교도들 또한 영국 교회의 복잡하고 의식화된 예배 의식의 개혁을 추구한 바 있습니다.

초기 그리스도인은 어떻게 예배했을까

초기 그리스도인들은 어떻게 예배했을까요? 우선 주목할 일은 초기 성도들은 예배를 위해 한 장소에 모였다는 점입니다. 처음에는 유대인들의 관습을 따라 성전에 모였으나(행 2:46, 5:42, 눅 24:53) 점차 가정집에서 회집하기 시작했습니다. 어떤 다락방이나(행 1:13), 요한 마가의 어머니 마리아의 집(행 2:1, 12:12), 예루살렘의 개인 가정집(행 2:46, 5:42, κατ᾽ οἶκον), 그리고 다른 곳의 가정집(고전 16:19, 롬 16:5, 몬 1:2, 골 4:15)에서 모이곤 했습니다. 신자들은 부유하지는 않으나 자신들의 주택에서 제일 큰 공간에서 모였고, 참석 인원은 15명에서 20명을 넘지 않는 수준이었을 것입니다.[1]

이 예배에 예수를 믿지 않는 이들이나 이교도들도 참석할 수 있었을까요? 적어도 64년, 로마제국이 기독교를 정치적으로 박해하기 이전까지는 이교도들도 원하는 경우 예배에 참석할 수 있었던 것으로 보입니다. 이 점은 고린도전서 14장 23, 24절을 통해 짐작할 수 있습니다. 바울은 방언이나 예언을 말하는 고린도교회 성도들에게 "알지 못하는 자들이나 믿지 아니하는 자들이 들어와서(outsiders and unbelievers enter …) 너희를 미쳤다 하지 아니하겠느냐"라고 말하면서 그렇게 처신하지 말라고 권고하고 있습니다. 이 기록을 통해 초기 예배에서는 불신자들이나 이교도들의 참석이 허용되었음을 알 수 있습니다. 그러나 네로 박해 이후 그리스도인들만 회집하게 되었고 이 일로 기독교도들은 비밀 결사체라는 비난을 받게 됩니다. 이 점과 관련하여 여러 흔적들이 남아 있습니다.

◇ 예배일과
예배의 형식

모이는 날

초기 그리스도인들은 예배를 위해 언제 모였을까요? 사도
행전에서는 매일 모였다고 말하지만(행 2:46, 5:42), 그리고 안식일
에 모이는 경우도 있었으나, 주로 유대교와 구별하기 위하여 '주
의 날'에 모였습니다(행 20:7, 고전 16:2, 계 1:10). 이날은 일주일의 첫날
(the first day of the week)이었습니다. 더구나 예수님께서 부활하신 날
이었고, 제자들이 식사하러 모였을 때 그리스도께서 나타나신 날
이기도 했습니다.

'주의 날'은 어떻게 명명되었을까요? 초기에는 이날을 지칭하
여 부르는 이름도 없었습니다. 그리스도인들은 유대교의 날짜 계
산법에 따라 '일주일의 첫째 날'이라고 불렀을 따름이지요.[2] 그래
서 바울도 고린도전서 16장 2절에서 헌금할 것을 미리 준비해 두
라고 말할 때, '일주일의 첫째 날'이라고 언급하고 있고, 사도행
전 20장 7절을 보면 떡을 떼기 위해 모인 자리에서 바울이 밤이
깊도록 설교하던 그날을 '일주일의 첫째 날'이라고 부르고 있습
니다. 그러다가 요한계시록에 와서 비로소 이날을 '주의 날'(the

Lord's day, 계 1:10)로 호칭하게 됩니다.

주의 날에 모이는 전통은 초기 기독교의 문서인 《디다케》(Didache, 흔히 '열두 사도의 가르침'으로 번역되고 있다)와 사도 교부들의 문서에서 나타나고(Didache 14:1, 이그나티우스, "마그네시아교회에 보낸 편지", 9:1 등) 이후 교회의 전통이 되었습니다. 2세기 중반 이후에 기록된 문헌을 보면 주일뿐 아니라 주중에도 모인 흔적이 있으나[3] 그것이 일상적인 혹은 보편화된 회집은 아니었으리라 추정됩니다.

예배 형식

예배는 어떻게 진행되었을까요? 신약성경에는 예배 형식에 대한 구체적인 언급이 없습니다. 그러나 사도행전과 서신서에 기록된 예배 관련 기록이나 암시를 종합해 볼 때, 예배의 진행을 짐작할 수 있습니다. 초기 그리스도인들은 함께 모여 하나님을 찬양하고 기도하고, 사도들이 강해하는 말씀이나 설교를 들었습니다. 예배 후에는 애찬을 나누며 교제하고, 떡과 포도주로 성찬을 나누며 주님의 죽으심을 기념하였습니다(고전 11:17-34). 교회가 독립적인 교회당을 소유하게 되는 4세기 이전에는 신자들이 가정에서 모였으므로 애찬을 나누는 일이 자연스러웠을 것입니다.

호주 시드니의 매쿼리대학교에서 일했던 로버트 뱅크스(Robert J. Banks)는 소설 형식으로 쓴 《1세기 교회 예배 이야기》에서 로마시 변두리의 개인 주택에서 전개되는 가정교회 예배를 묘사하고 있습니다. 예배는 주일 늦은 오후에 가정집에서 여러 신분의 사

| 성 마르셀리누스와 성 베드로 카타콤에 그려진 초기 그리스도인들의 애찬 장면 벽화 |

람들이 모여 드렸습니다. 이 예배는 목사나 평신도와 같은 위계가 없었고 종교적 격식에 매이지 않는 격의 없고 자연스러운 모임이었습니다. 누구든 간증하거나 삶의 현장을 이야기하고, 말씀을 듣고 질문하거나 토론하고, 그리고 성찬과 애찬을 나누었습니다. 비록 만들어진 이야기이나 역사적 자료에 바탕을 둔 기록이라는 점에서 초기 교회 예배의 실상을 잘 보여 줍니다.

정리하면, 초기 기독교 예배는 신자들의 가정교회 형태의 단순한 모임이었으며 예배 형식 또한 격식에 매이지 않는 자유로운 집회였습니다. 교회 설립 초기의 설교가 어떠했는가는 사도행전에 기록된 몇 가지 사례(행 2:14-42, 3:12-26, 5:29-32, 10:34-43)로 짐작할 수 있습니다. 구약성경에서부터 그리스도 사건에 이르기까지 구속사를 추적하는 형식의 설교였음을 알 수 있습니다.

그러다가 점차 예배가 의식화되어 갔는데, 90년 이후에는 당시 예배와 예배 의식을 알 수 있는 여러 흔적들이 남아 있습니다. 96-98년경 사도 교부인 로마의 클레멘트(Clement of Rome)가 고린도교회에 보낸 서신(Epistula ad Corinthios)에는 성찬식에 사용되는 긴 기도문이 기록되어 있으며, '거룩'(sanctus)의 화답도 포함되어 있습니다. 기도문의 내용을 몇 가지로 요약하여 소개합니다. 이 기도문은 예배 의식의 초기 단계를 보여 준다고 할 수 있습니다.

첫째, 하나님의 지식을 구하는 기도입니다. 하나님은 거룩하신 분이므로 우리의 마음의 눈이 열려 그분을 알 수 있게 해 달라고 기도합니다.

둘째, 하나님의 주권에 관해 기도합니다. 하나님은 자연계뿐만 아니라 존재하는 모든 인간의 생사화복을 주관하시는 주권자로 묘사하고 있습니다. 셋째, 섭리적 보호를 간구합니다. 하나님은 사람의 내면을 살피며, 자기 백성을 보호하는 분이십니다. 넷째, 구원에 대한 간구입니다. 하나님은 환난 중에 있는 자들을 구원하시는 구원의 하나님으로 말하고 있습니다.

◇◇ 《디다케》에 기록된 예배의 모습

100년경에 기록된 것으로 보이는 《디다케》는 초대교회에서 널리 읽힌 문헌으로 16개의 짧은 장으로 구성된 교훈집입니다. 흔히 '열두 사도의 교훈집'으로 번역됩니다. 이 책 첫 번째 부분에서는 두 가지 길, 곧 생명의 길과 죽음의 길(1-6장)을 다루었고, 두 번째 부분(7-10장)에서는 세례, 금식과 기도, 성찬과 애찬 등 교회 전례를 다루고 있습니다. 즉 세례 의식에 관한 지침들(7장)과 성찬식에 대한 지침들(9장)과 애찬(10장)을 소개합니다. 이 점은 교회가 제도화되면서 예배를 위한 의식 혹은 예전이 대두되고 있었음을 암시합니다. 이 책에 기록된 성찬식 예배 의식에 대한 9장 전문을 소개하면 다음과 같습니다.

"성찬에 관하여, 여러분은 이렇게 감사하십시오. 첫째 잔에 대하여, 우리 아버지시여, 당신의 종 예수를 통해 우리에게 알려 주신 당신의 종 다윗의 거룩한 포도나무로 인하여 우리는 당신께 감사 드리나이다. 당신께 영광이 영원히.

빵에 대하여, 우리 아버지시여, 당신의 종 예수를 통해 우리에게 알려 주신 생명과 지식을 인하여 우리는 당신께 감사드리나이다. 당신께 영광이 영원히. 이 빵 조각이 여러 언덕 위에 흩어졌다가 모여 하나가 된 것처럼, 당신의 교회도 땅끝에서부터 당신 나라로 모여들게 하옵소서. 영광과 권능이 예수 그리스도로 말미암아 영원히 당신 것이기 때문입니다.

주님의 이름으로 세례 받는 사람들 외에는 아무도 당신의 성찬을 먹거나 마시지 않도록 하십시오. 왜냐하면 이것에 대하여 주님께서는 이렇게 말씀하셨습니다. '거룩한 것을 개에게 주지 말지니라.'"

또한 111년 혹은 112년경에 기록된 것으로 추정되는 비두니아의 총독 플리니가 트라이아누스(Trajanus, 98-117) 황제에게 보낸 서신에서도 당시 기독교의 예배에 대한 증언이 기록되어 있습니다. 기록을 보면 그리스도인들은 어떤 특정한 날을 정해 놓고, 함께 모여 그리스도를 하나님으로 찬양하는 곡조 없는 찬송을 부르고 신앙의 맹세를 한다고 합니다.[4] 서신에서 초기 기독교회의 예배에 관한 부분을 인용하면 아래와 같습니다.

"이들은 어떤 특정한 날을 정해 놓고 해가 뜨기 전에 함께 모여, 그

Διδαχὴ τῶν δώδεκα ἀποστόλων.
Διδαχὴ κυρίου διὰ τῶν δώδεκα ἀποστόλων τοῖς ἔθνεσιν. ὁδοὶ δύο
εἰσί, μία τῆς ζωῆς καὶ μία τοῦ θανάτου· διαφορὰ δὲ πολλὴ μετα-
ξὺ τῶν δύο ὁδῶν. ἡ μὲν οὖν ὁδὸς τῆς ζωῆς ἐστιν αὕτη· πρῶτον, ἀγαπή—

《디다케》 사본

리스도를 하나님으로 찬양하는 곡조 없는 찬송을 부른다고 합니다. 그 후에는 함께 맹세를 나누는데, 이는 어떤 범죄를 범하도록 맹세하는 것이 아니라, 모든 절도, 강도, 간음, 약속의 파기, 인간들로부터 부탁을 받고 그 신의를 지키지 않는 행위 등을 범하지 않겠다는 약속이라고 합니다. 이들은 그 후에 모임을 계속하여, 일단 헤어졌다가 다시 모여 음식을 나누는데, 이는 특별한 것이 아니라 우리가 흔히 보는 평범한 종류였습니다."

《제일변증서》에 기록된 예배의 순서

그런가 하면 2세기 중엽인 150년경 유스티누스(Justinus)가 기록한 《제일변증서》(Apologie)를 보면, 기독교 초기 예배가 어떤 순서로 진행되었는가를 보여 주고 있는데, 이는 예배 의식의 발전에 대한 중요한 자료가 되고 있습니다.

"일요일이라고 부르는 날에 도시나 시골에 사는 사람들이 한 장소에 모여 집회를 연다. 사도들의 회고록이나 선지자들의 글을 시간이 허락하는 대로 길게 읽는다. 읽기를 마치면 인도자가 말씀으로 방금 읽은 고귀한 교훈에 따라 살자고 우리에게 권면한다. 그리고는 모두가 함께 일어서서 기도를 드린다. 기도가 끝나면, 이미 말한 바와 같이 떡과 포도주와 물을 내다 놓는다. 인도자는 정성을 다하여 감사와 기도를 드리며 회중은 '아멘'으로 화답한다. 인도자가 각 신자들이 가져온 것을 나누면 회중은 이를 받는다. 참석하지 못한 사람들을 위하여 집사들이 나중에 그들에게 가져다준다."[6]

이 증언을 정리하면, 예배는 성경 낭독, 설교, 공동 기도, 봉헌, 감사 기도(Consecrare)로 진행되고, 그 후에 성찬을 함께 나누고, 함께 식사한 것으로 보입니다. 유스티누스의 글이 중요한 이유는 기독교 예배의 기본 틀을 보여 주기 때문입니다. 이 예배의 순서는 2세기 당시 기독교회 예배의 모델이라고 볼 수 있습니다. 그렇다고 해서 당시 모든 교회가 이 순서를 따랐다고 볼 수 없다는 점도 기억해야 합니다. '유스티누스 쉐마'로 불리는 '말씀 봉독-설교-중보 기도-봉헌-감사 기도(축성)-성찬-애찬' 순서는 하나의 예배 모델일 뿐, 다른 모든 교회가 이와 같이 예배 순서를 통일해야 할 이유가 없었습니다. 이때까지는 지역에 따라 각기 다른 형식의 예배가 드려졌을 것입니다.

한 가지 분명한 사실은 적어도 기독교에 대한 정치적 박해가 시작된 주후 64년 이후 예배는 오직 믿는 자들만의 모임이었다는 점입니다. 불신자들이나 이방인들은 집회에 참여할 수 없었습니다. 비두니아의 총독 플리니가 트라이아누스 황제에게 보낸 편지를 보면, 초대교회 그리스도인들은 은밀하게 모이는 집단이었고 신자라는 이유만으로도 처벌을 받았으므로 외부인들이 예배에 참석할 이유도 없었고, 그들에게 은밀한 집회를 공개할 이유도 없었습니다.

이런 점 또한 초기 기독교 문헌에 드러나 있습니다. 변증가로 불리는 아테네의 아테나고라스(Athenagoras)가 말한 바처럼 그리스도인들은 '거짓 정보 제공자들'(lying informers)이 신자들의 모임에 들어오는 것을 두려워했습니다. 이 외에도 이 점을 지지해 주는 여러 흔적이 있습니다. 로마제국에 산재한 교회에서는 예배에 합당한 사람만이 참석하도록 문지기를 배치했을 정도였습니다. 이렇게 볼 때 초기 기독교에서 예배를 통해 전도가 이루어지지 않았음을 알 수 있습니다.

다른 종교와 다른 초기 기독교 예배

또 한 가지 지적해 두어야 할 점은 기독교회의 정기적인 예배는 당시 사회의 종교적 관행에서 볼 때 독특한 현상이었습니다. 예배는 기독교가 탄생할 때 시작되어, 정기적인 집회로 진행되었습니다. 이와 달리 이교(異敎)의 예배는 정기적인 종교 행사가 아니었습니다. 이교도들은 필요가 생겼을 때 신들을 찾아가거나 월중이나 연중 특정한 날에 해당 신들에게 예배하는 것이 보통이었습니다. 기독교 공동체가 드리는 정기 예배의 전례는 오직 유대교뿐이었습니다. 물론 기독교가 유대교적 뿌리에서 배태되었기에 유대교와 유사한 면이 있지만 기독교회의 정기적인 공중 예배는 로마 시대의 수많은 이교도들의 종교 의식과는 구분되는 독특한 의식이었습니다.

다른 모든 종교는 신상과 신전이 있었으나 기독교는 처음부터 그런 조각이나 건물이 없었습니다. 신상이 없었던 것은 "위로 하늘에 있는 것이나 아래로 땅에 있는 것이나 땅 아래 물속에 있는 것의 어떤 형상도 만들지 말"라(출 20:4, 신 5:8)는 제2계명에 대한 순종인 동시에, 초월적 존재는 어떤 형상으로도 적절하게 나타낼 수 없고, 유한한 인간이 인지하고 파악하고 이해할 수 있는 대상이 아니라는 종교적 신념의 반영이었습니다. 이런 신념을 가장 분명하게 드러낸 본문이 디모데전서 6장 15-16절입니다.

"하나님은 복되시고 유일하신 주권자이시며 만왕의 왕이시며 만주의 주시요 오직 그에게만 죽지 아니함이 있고 가까이 가지 못할 빛에 거하시고 어떤 사람도 보지 못하였고 또 볼 수 없는 이시니 그에게 존귀와 영원한 권능을 돌릴지어다."

이런 점에서 기독교는 다른 모든 종교와 달랐습니다. 신상이나 신전은 없었으나 기독교회는 처음부터 책을 가진 종교였습니다. 그 책이 바로 구약성경과 신약성경이었습니다. 그래서 기독교는 '텍스트 공동체'(text community), 혹은 '책의 종교'(Religion of Book)라고 불리게 된 것입니다.

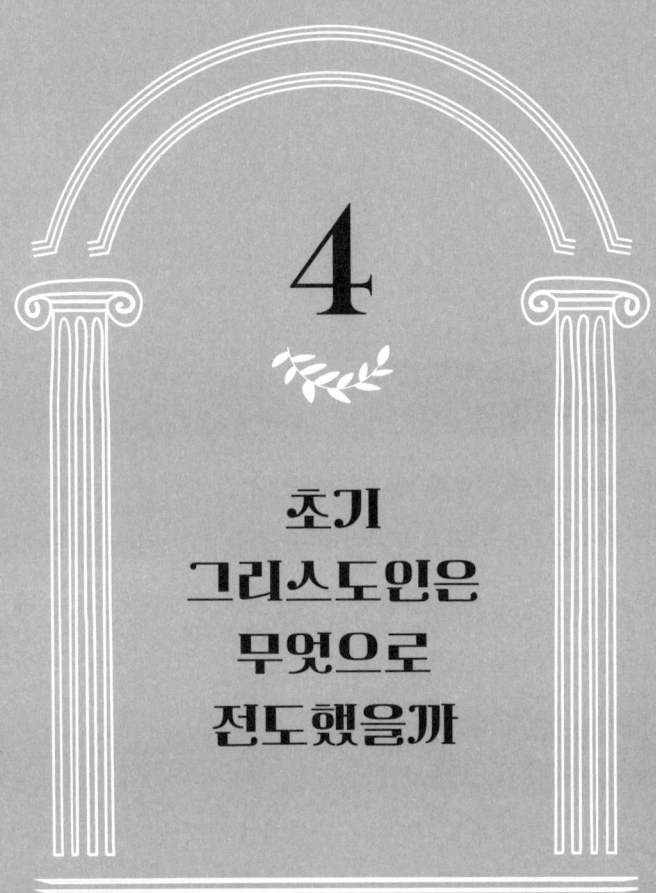

4

초기
그리스도인은
무엇으로
전도했을까

예배는 전도의 방편이 될 수 있을까

예수님의 초림과 재림 사이, 곧 중간 시대를 사는 우리 그리스도인들에게는 두 가지 사명이 있습니다. 첫째는 문화적 사명(창 1:28)이고, 다른 하나는 전도의 사명(마 28:19-20)입니다. 온 천하에 다니며 복음을 전하라는 명령이 전도 명령인데, 이를 '지상명령'이라고까지 말하고 있지요.

초기 기독교와 그리스도인들은 이 명령에 어떻게 반응했을까요? 또 이 시기 예배와 전도의 상관관계는 어떠했을까요? 많은 이들은 예배가 전도의 통로가 될 수 있다고 말합니다. 우리나라에서 한때 유행했던 '구도자 예배' 혹은 '열린 예배'(불신자를 포함해 누구에게나 열려 있는 자유로운 형태의 예배)가 바로 전도의 통로가 되는 경우입니다. 반대로 어떤 이들은 예배는 전도의 도구가 될 수 없다고 생각하며 구도자 예배 또는 열린 예배를 부정적으로 보았지요. 그들은 복음의 능력을 알지 못하는 불신자 중심의 예배로 어떻게 하나님을 예배할 수 있겠는가 의문을 제기합니다. 이런 견해에서 볼 때 구도자 예배 혹은 열린 예배는 사실상 인정될 수 없습니다.

그렇다면 초기 기독교는 예배와 복음 전도를 어떻게 이해했을까요? 독자들의 편의를 위해 몇 가지 항으로 정리하여 소개하고자 합니다. 이 장은 초대교회의 예배와 전도에 대해 연구했던 역사학자 알랜 크라이더(Alan Kreider)의 도움을 받았습니다.

◇◇◇ **외부인의
예배 참석**

초기 기독교회에서 예배와 전도는 관련이 없었습니다. 예배는 전도의 방편이 아니었지요. 앞에서 다루었지만 교회가 설립된 이후 처음에는 이교도들도 예배에 참석할 수 있었습니다. 바울은 고린도전서 14장 23절에서 "온 교회가 함께 모여 다 방언으로 말하면 알지 못하는 자들이나 믿지 아니하는 자들이 들어와서 너희를 미쳤다 하지 아니하겠느냐" 하며 은사, 곧 방언을 절제하라고 가르쳤는데, 이를 통해 믿지 않는 이들도 예배에 참석할 수 있었음을 알 수 있습니다. 고린도교회는 이교도들의 교회 방문이나 예배 참석을 거부하지 않았습니다.

그러다가 60년대 중반 네로의 박해 이후 초기 교회는 비신자

초기
그리스도인은
무엇으로 전도했을까

인 외부인들을 제외시켜야 할 필요성을 깨달았던 것 같습니다.[1] 박해하에서 기독교인들은 은밀하게 회집해야 했고, 비신자들도 그런 은밀한 집회에 참석할 이유가 없었지요. 이 점은 비두니아의 총독 플리니가 트라이아누스 황제에게 보낸 편지에서 그리스도인들의 집회를 '은밀한 집회'라고 언급한 내용에서도 확인할 수 있습니다.[2] 그래서 기독교를 비난했던 이교 철학자 켈수스 (Celsus)나 세실리우스(Caecilius)는 그리스도인들을 '비밀 단체'라고 불렀고, 로마제국은 기독교를 '비밀 결사체'로 보았던 것입니다.

아테네의 변증가 아테나고라스가 말했듯 그리스도인들은 "거짓 정보 제공자들이 교회로 들어오는 것을 두려워"했습니다. 오리게네스는, "속임수를 즐기는 자들은 그리스도인들의 모임에서 제외되어야 한다"라고 말했는데,[3] 이들이 말하는 거짓 정보 제공자들이나 속임수를 즐기는 자들이란 다름 아닌 이교도나 불신자들을 의미했습니다. 그래서 로마제국의 여러 지방에 흩어져 살던 그리스도인들은 예배에 합당한 사람들만 참석할 수 있도록 문을 지키는 사람을 배치했을 정도였습니다. 알랜 크라이더는 그 근거로 4세기 중반 이후에 기록되었다고 판단되는 교회 법령집인《우리 주님의 말씀》(Testamentum Domini)[4]에서 집사의 주된 의무 중 하나가 교회의 경비원(ecclesiastical bouncer)이었다는 기록을 제시하고 있습니다.

이런 점들을 검토해 볼 때 1세기 중반 이후 이교도들은 예배 참석이 허용되지 않았고, 따라서 예배와 전도 사이에는 아무런 관련이 없었습니다. 예배는 근본적으로 신자들의 모임이었고, 외부인들은 예배에 참석할 수 없었으므로 예배는 전도의 방편이 되지 못했습니다. 여기서 의문이 생깁니다. 초대교회는 분명히 교인의 수가 증가했으니까요. 그렇다면 초기 기독교회는 어떻게 성장할 수 있었을까요?

1세기 중엽 이후 사라진 전도 명령

신약성경에서는 전도를 그토록 강조하고 있음에도 불구하고 1세기 중엽 이후 초기 기독교 지도자들이나 교부들은 전도를 권고하지 않았습니다. 또 불신자들을 대상으로 공공장소에서 설교하거나 복음을 전하지 않았습니다. 이상하게 들릴 수도 있겠지만, 이것은 사실이었습니다.

물론 교회가 설립된 초기에 기독교는 강력하게 선교하는 종교(a missionary religion)였습니다. 고대사 연구가인 마틴 굿맨(Martin Goodman)은 고대 이교(異敎)와 유대교를 철저한 연구한 끝에 "기독교의 전도 활동은 다른 종교와는 비견할 수 없고 전례가 없는 것이었다"라고 결론지으며, "그런 전도 목적의 선교 활동은 고대 세계에서 놀랍도록 희귀한 것이었다"라고 지적했습니다.[5] 세계를 무대로 전도 활동에 나선 첫 인물은 사도 바울이었습니다. 그가 전도를 위해 이동한 거리는 약 20,000km로 지구 반 바퀴 거리였지요. 바울 외에도 초기 전도자들은 그리스도의 대속적 죽음이

초기
그리스도인은
무엇으로 전도했을까

온 세상을 구원하시려는 하나님의 계획이었음을 땅끝까지 선포하고자 했습니다. 그러나 바울 이후에 이런 전도 활동은 사라졌습니다. 기독교의 조직적인 선교 활동이 이루어졌다는 흔적조차 없습니다. 이런 상황을 예일대학교에서 고대사를 가르쳤던 램지 맥멀런(Ramsay MacMullen, 1928-2022)은 한마디로 정리했습니다. "사도 바울 이후 교회의 선교는 소멸되었다"라고.[6]

왜 그랬을까요? 1세기 중엽 이후 초기 기독교회가 처한 환경을 살펴보면 이해가 됩니다. 당시에는 공개적인 전도가 불가능했습니다. 그래서 교회 지도자들은 전도를 요구하지 않았고, 전도하라고 권면하거나 설교하지도 않았습니다. 독일 레겐스부르크 대학교의 고대 교회사 교수였던 노르베르트 브록스(Norbert Brox, 1935-2006)는 "초대교회에서 선교에 대한 강조가 없었다는 것은 대단히 놀라운 일"이라고 지적했습니다.

그런가 하면 하버드대학교의 고전학자이자 신학자였던 아서 다비 녹(Arthur Darby Nock, 1902-1963)은 초기 기독교 당시 일반 대중을 향한 직접적인 설교는 거의 없었다고 강조했습니다. 이런 연구를 기초로 알랜 크라이더는 "초대교회에는 전도에 대한 목회적 권고가 없었다"라고 정리했습니다. 즉 교회 지도자들이나 초기 교부들은 전도하라고 성도들을 권면하지 않았다는 것입니다.

3세기 북아프리카 카르타고의 주교인 키프리아누스(Cyprianus, 200?-258?)는 그의 《퀴리누스에게》(Ad Quirinum)[7]에서 이런 점을 반영하고 있습니다. 키프리아누스의 같은 책 제3권은 새 신자들을 위한 생활 교본으로 쓰였는데, 120개 문항의 거룩한 교훈을 담고 있습니다. 이 120문항은 그리스도인의 신앙과 삶, 그리고 그리스도인들의 관심사를 망라하고 있는데, 그리스도인들은 항상 깨어 기도해야 한다든가, 그리스도인들은 서로 도와야 한다는 등 여러 교훈을 담고 있습니다. 그러나 불신자들에게 전도해야 한다든가 이웃에게 복음을 전해야 한다는 등의 내용은 단 한 구절도 찾아볼 수 없습니다.[8]

이런 점에 대해서는 가톨릭 학자들도 인정하는 바지요. 프랑스의 이브 콩가르(Yves Congar, 1904-1995)는 "초기 교회 그리스도인들은 일반인들의 안녕과 번영을 위해 기도했지만 그들의 회심을 위해 기도한 적은 거의 없었다"라고 단정합니다. 정리하면 초기 기독교회의 예배는 신자들만의 모임이었고, 신자들에게 전도하라고 권유하지도 않았습니다. 또 비그리스도인들을 전도해야 한다는 내용의 설교에 대한 기록도 없습니다.

사도 바울 이후 4세기까지 기독교 복음을 전하거나 선교한 선교사는 오직 세 사람만 알려져 있는데, 첫 번째 인물이 현재 튀르키예의 북부 본도(Pontus)에서 일하며 '이적을 행한 자'로 불린 3세기의 그레고리(Gregory), 두 번째 인물은 자신의 거주지 프랑스 투르(Tours)에서 이교도들을 대상으로 전도한 4세기의 주교 투르의 마르틴(Martin of Tours), 세 번째 인물이 가자(Gaza) 지구의 이교 사당을 폐쇄하고 그곳 신도들을 개종시킨 4세기 말엽의 주교 포르피

리우스(porphyrius)가 전부입니다.[9]

더구나 이들은 온 세계를 향해 활동한 것이 아니라 특정 지역에서 제한적으로 활동했을 뿐입니다. 또 이들에 관한 일화도 전설적인 내용이 많아 신뢰성이 떨어지기도 하지요. 바울 이후에는 전도나 선교를 요구하지도 않았고 개종자를 찾아 나서지도 않았습니다. 그렇다면 초대교회는 어떻게 성장했다는 걸까요?

사회관계망을 통한 전도

기독교 예배는 불신자들의 참석이 허용되지 않았으므로 전도 수단이 아니었고, 초기 교회는 전도나 선교를 명하거나 요구하지도 않았습니다. 바울 이후로 공개적인 전도가 시행되었다는 흔적도 없습니다. 그럼에도 불구하고 기독교는 널리 전파되었습니다.

초기 기독교는 공개적인 혹은 조직화된 전도 혹은 선교를 통해서가 아니라 일상의 사회관계망(everyday social networks)을 통해서 성장했습니다. 이 점을 강하게 주창한 이는 램지 맥멀런과 로드니 스타크입니다. 사회관계망이란 우리가 살아가면서 자연스럽게 맺게 되는 인간관계를 총칭합니다. 가족, 인척, 이웃, 직장의 동료 혹은 각종 소규모의 조합이나 단체에서 교류하는 인적 관계를 말하지요. 우리가 이 땅에 살면서 수많은 사람과 만나고 마주치고 교제하고 교류하듯이 초기 기독교 성도들도 외로운 섬에서 혼자 살지 않고 사회 한가운데서 비신자들이나 이교도들과 함께 생활했습니다. 이런 가운데 자연스럽게 기독교 신앙을 나누고 신앙적 삶을 보여 주게 되지요. 바로 이런 사회관계망을 통해 기독교가 전파된 것입니다.

당시 로마 사회에는 여러 종교들이 있었지만 그 종교를 전파하는 전도 행위는 하지 않았습니다. 또한 타 종교에 배타적이지도 않았습니다. 한 가지 종교를 신봉하면서도 또 다른 종교를 받아들이는 경향은 다종교 사회의 특징이기도 한데, 그러면서도 사회적 충돌을 일으키지 않았습니다. 각각의 종교는 각기 다른 기능을 행사한다는 믿음 때문이었습니다. 따라서 여러 종교를 받아들인다고 해서 문제될 것이 없었지요. 다시 말하면 로마 사회에서 종교들은 전도하지도 않았고, 배타적이지도 않았습니다.

그러나 기독교는 분명하게 달랐습니다. 비록 공개적인 혹은 조직화된 전도는 불가능했다고 하더라도 전도에 대한 의지가 있었고 구원이 없는 다른 종교에 배타적이었습니다. 이런 전도 성향과 배타성의 조합이 기독교의 성공을 가져온 결정적인 요인이었다고 바트 어만은 주장하기도 합니다.[10]

기독교가 전도는 하되 배타적이지 않았다면 신자는 증가할 수 있으나 이교에 아무런 영향을 주지 못했을 것입니다. 반대로 배타적이지만 전도하지 않았다면 유대교처럼 소수 종교로 남았을 테지요. 그러나 기독교는 풍산이나 다산, 전쟁에서의 승리, 예술의 진흥 등과 같은 한 가지 기능을 행사하는 로마제국의 여러 종교 중 하나가 아니라 인간의 삶 전체를 아우르는 유일신 사상을 가진 종교였습니다. 따라서 기독교를 받아들이면 다른 종교를 버려야 했습니다. 결국 기독교의 전파는 다른 종교 신봉자의 종교적 이행(移行), 곧 이전의 종교를 버리고 기독교를 유일한 신앙으로 받아들이는 변화를 가져왔습니다. 그래서 기독교가 전파되면 이교는 점차 소멸되고 기독교는 성장해 간 것입니다.

◇ **일상을 통한**
◇ **전도**

초대교회는 첫 3세기 동안 평균 10년마다 40% 성장한 것으로 알려졌는데 어떻게 이런 성장이 가능했을까요? 바로 그리스도인들의 구별된 삶의 방식 때문이었습니다.

알랜 크라이더는 그리스도인 공동체는 예수를 닮은, 분명히 구별된 삶을 살았다고 주장합니다. 초기 그리스도인들에게 예배란 무엇이었을까요? 예배란 그리스도를 형상화하는 것, 곧 교회 공동체에 속한 사람들이 자신이 살고 있는 삶의 환경, 문화 속에서 그리스도를 드러내는 선교사적 삶을 살도록 양육하는 장이었다고 알랜 크라이더는 말합니다.[11]

다시 말하면 예배는 성도들이 삶의 자리에서 선교사적 삶을 살도록 가르치고 결단하는 장이었고 신자들은 그리스도를 닮아

가는 건실한 삶을 통해 기독교를 전파했던 것입니다.

형제애적 유대

앞에서 기독교는 공개적이거나 조직적인 전도를 통해서가 아니라 일상의 사회 관계망을 통해, 특히 그리스도인들의 구별된 삶을 통해 전파되었다고 했습니다. 그렇다면 초기 그리스도인들이 보여 주었던 삶은 어떠했을까요? 이를 몇 가지 개념으로 설명해 보겠습니다.

첫째는 형제애적 유대였습니다. 그리스도인들은 서로를 형제자매로 여겼고 서로를 형제 혹은 자매라고 불렀습니다. 성경에서도 동료 그리스도인을 칭하는 가장 빈번한 표현이 형제자매 메타포였습니다.[12] 이 가족 개념(Sibling metaphor)은 교회 공동체의 성격을 보여 주는 가장 분명한 비유였습니다. 그리스도인들은 서로를 형제자매라고 불렀고, 비록 멀리 떨어져 있고 대면한 일이 없다고 할지라도 그리스도인들은 서로를 한 가족으로 여긴 우주적 공동체였습니다. 이런 관계는 당시 사회가 누리지 못했던 새로운 관계였습니다.

사랑과 배려

초기 그리스도인들이 지향했던 또 하나의 삶의 방식은 사랑과 배려였습니다. 그들은 사랑과 베풂, 배려와 섬김 등 산상보훈이 가르치는 삶의 방식을 따랐습니다. 이런 정신으로 약한 자

SI NON LICET UOBIS ROMANI
imperii antistites inaperto excdito
ipso fere uerticeciuitatis praesidentibus. ad
iudicandum palam dispicere. excoram exami
nare quidsit liquido incausa xpianorum :
Si adhancsolam speciem, auctoritasuestra
deustiaediligentia inpublico auttimet
auterubescat inquirere. Sideniq: quodpro
xime accidit. domesticis iudiciis nimisopera
ta infestatio sectae huius obstruit defensioni·

그리스도인들의 사랑과 공동체적 배려를 설명한 테르툴리아누스의 《변증서》 일부

A.Hamman, *How to Read the Church Fathers*, 48

와 고난 당하는 자, 나그네와 여행자들을 맞아들이고 대접했습니다.

변증가인 아리스티데스(Aristides)가 하드리아누스 황제에게 보낸 그의 《변증서》(Apologia)를 보면, 동료 그리스도인 중 어느 한 가족이 굶주림에 처하면 그리스도인 공동체는 며칠간 금식하면서 핍절한 가족의 필요를 채워 주었다고 합니다.[13] 또 격식에 따라 죽은 자들의 장례를 치러 주기도 했습니다. 이러한 사랑의 모습은 테르툴리아누스의 《변증서》(Apology)에서도 확인됩니다. 2세기의 대표적인 교부이자 라틴신학을 발전시킨 테르툴리아누스(Tertulianus, c.150-c.240)는 "이들은 가난한 자를 먹이며 그들에게 장례를 제공한다"(Apology, 39)고 고백했습니다. 그리스도인들은 병든 자를 보살폈고 연약한 자를 간호해 주었습니다.

사랑의 실천은 그리스도인들의 구별된 삶을 구체적으로 나타냈습니다. 180년 《페레기너스의 죽음》이란 책을 써서 기독교를 비방했던 루시안(Lucian of Samosata, 120-?)마저 기독교인들에 대하여 다음과 같은 기록을 남겼습니다.

"그들 본래의 율법 수여자는, 그들은 서로 형제들이며, 서로를 사랑하라고 가르쳤다. 그 형제들에게 도움을 줄 일이 발생하면 그들은 즉각 도움을 베풀기를 주저하지 않았다. 이런 경우에 그들은 형제에 대한 배려를 아까워하지 않았다."[14]

초기 그리스도인들은 가난하고 핍절한 이웃과, 병들고 고통당하는 이들에게 사랑과 자비를 베풀었습니다. 또 옥에 갇힌 자들을 보살펴 주는 자선 행위는 바로 복음에 대한 확신, 구원에 대한 감사의 표현이었습니다.

초기 기독교 공동체 지도자의 자격 중 하나는 손 대접하기를 힘쓰는 것이었습니다(딤전 3:2). 그래서 바울과 히브리서 기자는 "손 대접하기를 힘쓰라"고 권면한 바 있지요(롬 12:13, 히 13:2). 기독교적 사랑과 베풂의 윤리를 특별히 강조한 교부로는 3세기의 락탄티우스(Lactantius), 히에로니무스(Hieronymus), 그리고 4세기의 요한 크리소스토모스가 있습니다. 손 대접을 의미하는 헬라어 필로세니아(philoxenia)는 사랑 혹은 애정을 의미하는 필레오(phileo)와 나그네를 의미하는 세노스(xenos)의 합성어였습니다. 이렇듯 그리스도인들은 사랑의 시혜자였습니다. 이런 삶의 방식이 이교도들에게도 감동을 불러일으킨 것입니다.

거주하는 나그네

이런 점을 볼 때 초기 그리스도인들은 자신들을 이 땅에 '거주하는 나그네'(resident aliens)로 여겼음을 알 수 있습니다. 그리스도인들은 단지 이 땅에 마음을 두고 사는 거주민이 아니라 이 땅에 거주하지만 나그네로 살았습니다. 그리스도인들은 이 땅을 영원한 도성으로 여기지 않았고 하늘에 소망을 둔 이들이었습니다. 말하자면 몸은 이 땅에 있으나 마음은 천국에 있는 심리

적 이민자들이었던 것이죠. 프랑스 골에서 극심한 박해가 일어
난 이후인 177년에 한 그리스도인이 편지에 이런 말을 썼다고
합니다.

"비엔나와 골, 리용의 '거주하는 나그네'인 그리스도의 종들이 동일
한 구원의 믿음과 희망을 품고 있는 아시아와 아프리카에 있는 형
제들에게 편지합니다."[15]

'거주하는 나그네' 이것이 그들의 자기 정체성이었습니다. 2세
의 후반의 변증서인 《디오그네투스에게》는 더욱 구체적으로 그
리스도인들의 생활 방식을 밝히고 있습니다.

"그리스도인들은 국가나 언어 또는 문화로 다른 사람들과 구별되
지 않는다. 그들은 그들만의 도시에서 살지도 않고 그들만의 독특
한 대화 방법을 쓰지도 않는다. 삶의 방식도 특별한 것이 없다. …
의복이나 음식, 그리고 다른 일상생활 방식에서도 그 지역 풍습을
따라 산다. 동시에 그들은 아주 두드러지고 독특한 삶의 방법이 있
다. 그들은 자신들의 국가에 살지만 '거주민이자 나그네'의 정체성
을 가지고 살아간다. 시민으로 모든 일에 참여하지만 외국인으로
서 모든 것을 참고 산다. 모든 낯선 땅이 자신들의 조상 땅이라고
생각하지만 모든 조상의 땅이 또한 낯선 땅이다. 다른 사람들처럼
결혼하고 자식을 낳지만 자식을 버리지는 않는다. … 모든 사람을

사랑하지만 모든 사람에게 박해를 받는다. 그들은 가난하지만 많은 이들을 부요하게 한다. … 간단하게 말해서 영혼이 육체 안에 있는 것과 같이 그리스도인들은 세상에 있다."[16]

이 땅에 거주하지만 이 땅에서는 나그네에 지나지 않는다는 자기 인식으로 이들은 이 땅의 어떤 것, 곧 물질, 명예, 권력으로부터 자유로울 수 있었습니다. 이는 새로운 삶의 방식을 가능하게 했습니다. 기독교인들은 이 땅에서 세상과 어울려 살지만 이 세상과 다르게 살았습니다. 디오그네투스는 이 점을 밝힌 것입니다.

이어서 그는 장문의 비유를 통해 기독교인이 이 세상과 맺은 관계를 '영혼과 육신의 관계'에 비유했습니다(6.1-10). 기독교인들은 세계 도처에 흩어져 '이 세상에 살고 있지만 이 세상에 속하지 않았다'(We live in this world, but not of the world)라고 강조한 것입니다. 저는 헨리 반틸(Henry van Til)이 이 말을 제일 처음 한 줄 알았는데 알고 보니 2천 년 전 무명의 변증가가 한 말이었습니다. 한 나라의 시민권자이지만 고국을 떠나 외국에 살고 있는 사람이라는 표현으로 그리스도인의 생활 방식을 설명한 것입니다. 더욱 구체적인 그리스도인들의 삶의 방식은 후에 별도로 취급하겠지만, 그들은 로마 사회에서 당연시되던 영아 유기 관행을 따르지 않았고, 죄의식 없이 자행하던 낙태를 거부했고, 원수에 대한 보복이나 앙갚음을 생각하지 않고, 전쟁과 폭력을 거부하고 진정한 평화를 추구했습니다.

영적 능력과 영원한 생명

기독교가 지닌 영적 능력과 영원한 생명에 대한 가르침보다 더 불신자들에게 매력을 준 것은 없었을 것입니다. 하나님의 역사는 이적과 기사를 동반하였고, 귀신을 쫓아내고 치료하여 주었고, 영적 능력은 자유를 가져다주었습니다. 말이나 설교나 예배를 통해서가 아니라 하나님의 능력과 변화된 삶이 사람들을 기독교 신앙으로 인도하는 힘이었습니다. 북아프리카의 변증가 미누키우스 펠릭스(Minucius Felix)는 변증서 《옥타비우스》(Octavius, 31.6-8)에서 "우리는 위대한 것을 설교하는 것이 아니라, 위대한 것을 살아가고 있습니다"(We do not preach great things, but we live them)라고 핵심을 지적했습니다. 미누키우스 펠릭스는 2세기 로마의 변증가였는데, 대화 형식으로 쓴 변증서 《옥타비우스》는 라틴어로 쓰인 기독교 저작 중 제일 오래된 것으로 알려져 있습니다.

결국 영적인 능력과 영원한 생명에 대한 가르침, 그 가르침을 따라 살아가는 그리스도인들의 순결한 삶이 조용한 파문을 일으키며 제국의 도시로 전파되었습니다. 이것이 공개적인 전도, 조직화된 선교 운동 없이 기독교가 넓은 지역으로 퍼져 갔던 요인이었습니다. 결국 이것이 4세기 로마제국에서 기독교의 승리를 가져온 것입니다.

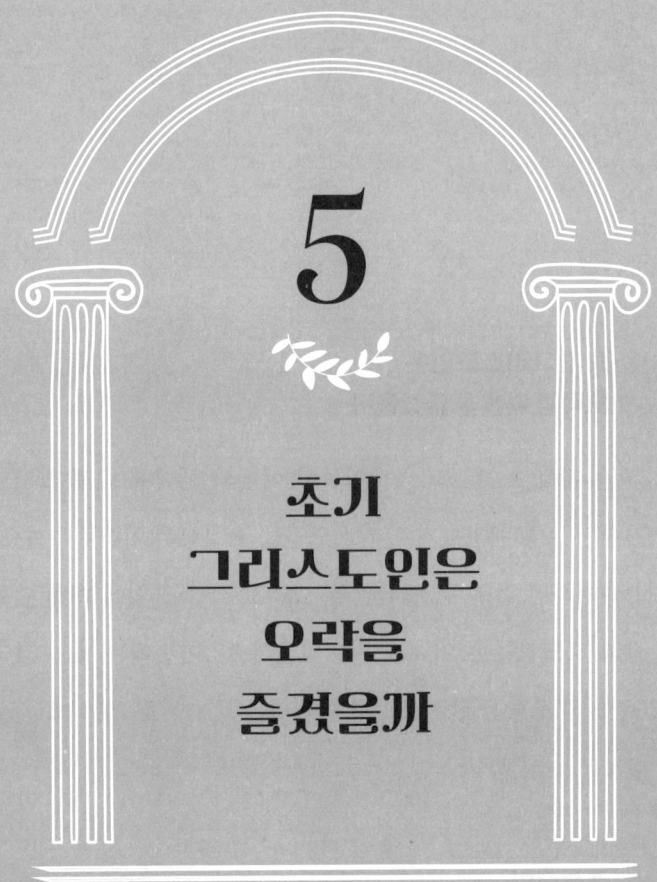

5

초기
그리스도인은
오락을
즐겼을까

초기 그리스도인은
오락과 여흥을 즐겼을까

앞에서 초기 그리스도인들의 예배와 생활에 대해 살펴보았습니다. 그렇다면 초기 그리스도인들의 일상은 어떠했을까요? 당시 유행하던 검투 경기나 연극, 그리고 극장 출입에 대해 교회와 교회 지도자들은 어떻게 가르쳤을까요? 이번에는 초기 그리스도인들의 오락을 살펴보려고 합니다.

폭력적인
검투 경기

어느 시대이든 사람이 사는 곳에는 눈으로 보고 귀로 듣고 마음으로 향유하는 오락(amusements)이 있어 왔습니다. 로마 시대에도 마찬가지였지요. 민간에서도 오락 문화가 형성되었지만 로마 황제가 민심을 얻기 위해 여러 즐길 거리들을 양산하기도 했습니다. 오늘날 우리에게는 황제가 국비를 들여 군중에게 오락을 제공하는 일이 낯설게 느껴지지만 로마제국에서는 그렇지 않았습니다.

로마 시대에는 흔히 말하는 오현제(五賢帝)와 삼악제(三惡帝)가 있었는데, 삼악제 시대에 오락이 더욱 활성화되었습니다. 국정을 파탄으로 이끈 황제가 민중의 환심을 사고자 했기 때문이지요. 독자들의 편의를 위해 소개한다면, 오현제란 능력 있는 양자에게 황위를 계승하여 로마제국에 번영과 평화를 이루고, 영토를 최대로 확장했던 다섯 명의 어진 황제를 칭하는데, 선제(善帝)로 불리는 네르바(Nerva, 96-98), 지고(至高)한 황제 트라이아누스, 영제(英帝)로 불리는 하드리아누스(117-138), 자비로운 황제(慈帝)로 불리는 안토니우스 피우스(138-161), 철인(哲人) 황제로 불리는 마르쿠스 아우렐리우스(161-180)를 가리킵니다. 교회사를 살펴보면 그들이 특히 기독교에 악의적인 태도를 보였기에 지고하거나 자비롭거나 고상하다고 할 수 없으나 일반 역사에서는 그런 칭호를 사용하고 있습니다. 보통 96년부터 마르쿠스 아우렐리우스가 사망하는 180년까지 85년간을 오현제 시대라고 부르고 있습니다.

그보다 앞서 통치했던 세 사람을 삼악제(三惡帝)라고 부르는데, 어리석은 황제 칼리굴라(37-41), 폭군 황제 네로(54-68), 악한 황제 도미티아누스(81-96)가 그들입니다. 그들이 기독교를 모질게 박해한 것을 보면 악제라고 부르는 것이 무리는 아닙니다. 이들은 악행을 숨기고 군중의 환심을 사기 위해 대중오락을 이용했습니다. 칼리굴라는 3년 2개월간 통치했는데, 첫 6개월간은 선정을 베풀었으나 성격 변화와 더불어 사치와 낭비를 일삼고 잔인한 처형을 감행했습니다. 그는 유별나게 볼거리를 즐겨 결국 국가 재정을 파탄 내고 말았습니다. 네로는 첫 5년간은 그래도 선정을 베풀었다고 할 수 있으나 재위 14년간 기독교를 박해했던 폭군이었습니다. 모친과 이복형들과 두 아내를 살해했고, 측근이었던 브루스와 당대 최고의 철학자 세네카를 자살하게 했습니다. 자살도 일종의 형벌이었습니다. 도미티아누스도 첫 몇 년간은 성실히 일했으나 곧 본심을 드러내어 기독교를 탄압하고 유력한 원로원 의원을 처형했지요. 또 국가 재정이 악화되는데도 병사들의 급료를 올려 환심을 사려 했습니다.

악한 통치자일수록 자신의 악행을 덮고 군중의 환심을 사기 위해 무상 복지, 무상 지급을 감행했습니다. 이른바 포퓰리즘을 추구했는데, 이로 인해 재정 건전성은 극도로 악화되었습니다. 도미티아누스도 볼거리나 민중의 오락을 위해 거액의 비용을 쏟아붓다가 결국 국가 재정의 파탄을 가져왔습니다. 우리가 잘 아는 영화 〈벤허〉에 등장하는 전차 경주나 검투사(Gladiator)의 경기는 대표적인 볼거리였습니다.

로마 시대 하면 '빵과 서커스'라는 우민화 전략이 떠오르는데, 그것이 결국 로마를 패망으로 이끌어 갔습니다. 그래서 유명한 풍자 시인 유베날리스(Juvenalis, 55-140)는 "로마 시민은 빵과 서커스밖에 모른다"라고 탄식한 바 있습니다. "건전한 육체에 건전한 정신이 깃든다"라고 말한 이도 바로 그였지요. 빵이란 시민에게 지급되는 곡물이며, 서커스는 라틴어 키르쿠스(circus)에서 유래한 영어 표현인데 이는 원래 곡예가 아니라 전차 경주에서 사용되는 타원형 코스 경기를 가리키는 말이었고 그 시대의 대표적인 볼거리였습니다. 로마 시민은 빵으로 배를 채우자 오락으로 낙을 삼으며 정치에 흥미를 잃게 되었고, 제국은 서서히 침몰해 간 겁니다. 그 시대는 오락 거리가 흔한 시대가 아니었기에 권력자가 제공하는 오락은 상당한 힘을 지니고 있었습니다. 빵은 개인의 욕구를 만족시켜 주지만 무료함을 느끼는 민중들을 사로잡은 것은 오락이었습니다. 오락은 일종의 통치술이었습니다.

그 시대 대표적인 오락은 검투 경기였습니다. 기록에 남아 있는 최초의 검투사 시합은 기원전 3세기, 곧 264년 로마의 마르쿠스 유니우스 브루투스와 데키무스 형제가 아버지의 장례식즈음에 보아리움 광장(Forum Boarium)에서 개최한 시합이었다고 합니다. 이를 계기로 본래의 검투사 경기는 적군이었던 전쟁 포로끼리 싸우게 하여 그들이 흘린 피로 전사한 고인의 영혼을 달래기 위한 목적으로 열렸습니다. 그러다 세월이 흐르면서 세속화되어 제국의 오락이 되었습니다. 결국 검투사 경기는 인류 역사상 유일하게 공인된 살인 경기인 셈입니다.

이 경기가 벌어지는 대표적인 원형경기장인 로마의 콜로세움

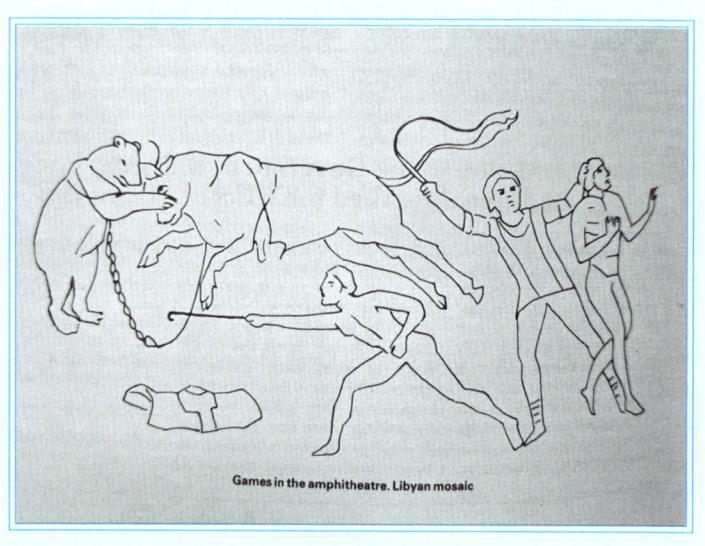

Games in the amphitheatre. Libyan mosaic

리비아 모자이크에 묘사된 원형경기장의 경기 장면

대표적인 원형경기장인 로마 콜로세움

은 5만 명을 수용할 수 있는 거대한 규모였습니다. 아우구스투스 (BC27-AD14) 황제는 자신의 명의로 3차례, 아들과 손자 이름으로 5차례 검투 경기를 주최한 것을 치적으로 내세웠고, 이런 행사에서 죽임을 당한 맹수가 3,500마리에 이른다고 말했습니다.[2] 80년 콜로세움의 개장식에서는 검투 경기와 9,000마리의 맹수 사냥을 비롯한 다양한 구경거리가 100일 동안 이어졌다고 전해집니다. 생명을 가지고 노는 이 오락이 제국의 단합과 안녕을 다지는 방편이자 황제의 통치 행위였던 것입니다. 검투 경기가 인기를 누리자 검투사 양성소에서 노예들을 훈련시켜 경기에 투입했고, 해방된 노예나 자유민도 자원하여 훈련을 받고 검투사가 되기도 했습니다.[3] 자유민 검투사는 10-20% 정도로 추산되는데, 경기에서 살아남아 큰돈을 벌겠다는 욕심 때문에 죽음의 잔치에 동참하게 된 것입니다. 트라이아누스 황제 시기에는 만 명의 검투사들이 넉 달 동안 이 잔혹한 현장에서 싸웠다고 합니다. 어떤 이들은 그물만으로 완전무장한 상대를 대항해야 했습니다. 또 다른 불행한 이들은 사자나 곰 같은 야생 짐승들과 싸워야 했습니다. 심지어 피에 굶주린 군중을 만족시키기 위해 십자가 위에서 사람을 산 채로 불태우는 일까지 저질렀다고 합니다.[4]

이 폭력적 오락과 관련하여 177년 여름 루그두눔(지금의 프랑스 남부 도시 리옹)에서 벌어진 기독교도들에 대한 처형 기록, 그리고 로마의 역사가이자 원로원 의원이었던 디오 카시우스(Dio Cassius) 가 192년에 열린 경기에 대해 기록한 내용이 남아 있습니다. 이

경기는 코모두스(Commodus, 180-192) 황제가 주재했고 스스로 검투
사로 경기장에 나타나기도 했습니다. 이 경기는 14일 동안 계속
되었다고 합니다.[5] 코모두스는 쾌락을 사랑했던 인간이자 자칭
'헤라클레스'(Heracles)였습니다. 그는 원형경기장에서 무려 735번
이나 직접 결투를 벌였는데, 사자 가죽으로 된 옷을 입었고 머리
카락은 황금 가루로 반짝거렸다고 합니다. 그를 상대했던 검투
사들은 불행한 죽음을 맞아야 했고, 코모두스는 대부호가 되었
습니다.[6]

그래서 로마제국에서 검투사들의 경기는 일상사가 되었고 단
연 최고의 인기를 누린 오락이었습니다. 그것은 화려한 옷과 보
석으로 장식한 부인들로부터 무일푼의 노예에 이르기까지 모든
사회 계층을 사로잡았습니다. 원형경기장에서 죽음에 직면한 그
들은 일회용 소모품 같은 인간들로 간주되었습니다. 주로 범죄
자들, 야만인들, 전쟁 포로들, 노예들이었지요. 이런 경기에 묘
미를 더하기 위해 여러 검투 종목이 진행되었는데, 갑옷을 입고
주로 창을 들고 싸우는 호플로마쿠스(hoplomachus), 그물과 삼지창
을 가지고 싸우는 레티아리우스(retiarius), 기다란 방패로 무장하
고 싸우는 무르밀로(murmillo) 등이 있었다고 합니다.[7] 그 외에도
다양한 형태의 경기가 있었습니다. 이런 상황에서 초기 기독교
회는 검투 경기에 대해 어떻게 가르쳤을까요?

초기
그리스도인은
오락을 즐겼을까

검투 경기에 대한
교회의 가르침

초기 기독교는 격투 경기를 금기시했습니다. 격투 경기는 오락이 아니라 사람의 생명을 가지고 노는 폭력이자 살인이었습니다. 그래서 이런 경기를 관람하는 것 자체가 불의하다고 판단했습니다. 검투 경기는 유혈이 낭자한 폭력이자 살상이었고 때로 기독교인들이 원형경기장에서 구경거리가 되기도 했습니다. 기독교인들은 이런 비인간적인 경기를 지지하거나 옹호할 수 없었습니다. 검투사라는 용어 '글래디에이터'(gladiator)는 칼을 의미하는 라틴어 글라디우스(gladius)에서 유래했는데, 이런 칼은 폭력과 살상의 무기였습니다. 기독교인들은 검투 경기를 합법화된 살인으로 간주하였으므로 이런 오락을 공개적으로 비난했습니다.

대표적인 인물이 변증가 아테나고라스와 테르툴리아누스였습니다. 아테나고라스는 "사람이 죽임을 당하는 것을 지켜보는 것은 그를 죽이는 것과 다름없다"며 관객 또한 살인에 동참하는 것으로 보았습니다. 그런가 하면, 테르툴리아누스는 그리스도인들이 지켜야 할 몇 가지 덕목을 제시했는데, 그리스도인은 군인이나 공무원이 될 수 없다고 말했습니다. 군인이나 공무원이 되면 황제 숭배를 피할 수 없다고 보았기 때문입니다. 우상숭배를 피하기 위해 직업 선택에 제한을 둔 것입니다. 그리고 그는 그리스도인들이 격투기를 보아서도, 연극을 관람해서도 안 된다고 주장했습니다. 그가 격투기 참관을 반대한 것은 첫째는 그 광경이 잔인하기 때문이었고, 둘째는 우상숭배와 관련된다고 보았기 때문입니다. 검투 경기가 이교적인 축제와 관련되어 있다고 이해한 것입니다. 그는 《공연에 관하여》(De Spectaculis)라는 책에서 "경기장에서 느끼는 광기 어린 즐거움이 그리스도인의 영혼을 오염시키고 평온을 파괴한다"고 주장했습니다.

그 시대 사람들은 어떻게 잔인한 살상 경기를 오락으로 여겼을까요? 이 점에 대해 일본의 고대사학자 모토무라 료지(本村凌二)는 두 가지로 설명하고 있습니다. 첫째, 로마라는 나라는 전사(戰士)의 나라였다는 것입니다. 살인 경기에서는 때로 눈을 가리고 싶은 잔혹한 광경이 벌어지지만 그런 것을 관람함으로써 전장(戰場)에서 피를 두려워하지 않고 죽음에 직면해서도 흔들림 없는 강인한 정신을 기를 수 있다고 믿었기 때문입니다.

둘째, 경기에 대한 인식이 지금의 우리와 달랐습니다. 스페인 투우 경기에서 소가 창에 찔려 피투성이가 되어 죽어 가고, 말이 끄는 마차에 끌려가는 모습을 보면 우리는 그것이 소름 끼칠 정도로 잔인한 동물 학대라고 생각하지만, 스페인 사람에게는 인기 있는 오락입니다. 그래서 투우가 무려 300여 년간 지속되어 온 것입니다. 오늘에도 그들은 고가의 입장료를 내고 투우를 관람하지만 우리에게는 즐거운 일이 아닙니다. 마찬가지로 지금 우리는 검투 경기를 잔혹한 살상이라고 여기지만, 로마인들은 우리와 다르게 인식했을 것입니다. 당시 사람들은 '노예는 인간으로 여기지 않는' 사고가 밑바탕에 깔려 있었기에 그들이 피 흘리면서 싸

우는 장면을 즐겁게 관람하고 즐겼다는 것입니다.[8]

그런데 기독교인들은 그 시대와는 근본적으로 다른 인식을 하고 있었습니다. 노예도 우리와 동등한 가치를 지닌 인간이라는 확신이었습니다. 따라서 그들도 보호받아야 하는 존재였습니다. 이런 인간관이 당시의 살인적 오락을 거부한 배경이 됩니다.

테르툴리아누스가 격투 경기를 반대한 또 한 가지 이유는 우상숭배의 문제 때문이었습니다. 당시 모든 검투사의 격투가 신들에게 바쳐졌고, 그들의 경기는 신들의 이름으로 치러졌기 때문이었습니다. 테르툴리아누스는 검투 경기를 이방 신을 위한 일종의 변형된 인신공양으로 보았습니다. 따라서 경기에 참여하거나 관람하는 것은 곧 우상숭배에 참여하는 종교적 의미가 있다고 이해한 것입니다.

테르툴리아누스는 우상에게 바쳐진 음식은 먹지 않았음을 기독교인들에게 상기시켜 주면서, 이런 여흥으로부터 자신의 눈과 귀를 지켜야 한다고 가르쳤습니다. 그는 이렇게 말합니다. "이런 우상숭배는 몸만의 문제가 아니라, 우리의 정신과 영혼 깊숙이 스며든다. 하나님은 우리의 몸 이상으로 정신과 영혼의 순결을 요구하시는 분이시다."[9]

당시 모든 시민들, 곧 이교도들이 이런 경기를 즐겼다고 말하는 것은 옳지 않습니다. 로마의 정치가이자 철학자인 키케로(Cicero)는 살인 경기에 흥분하는 민중의 모습에 혐오감을 가졌다고 합니다.[10] 기독교인들 가운데서도 이런 경기를 관람하는 이들이 없지는 않았을 것입니다. 그러다 4세기 기독교가 제국의 종교가 되면서 검투사들의 살인 경기는 역사의 뒤안길로 사라졌습니다.[11] 이 점 또한 기독교의 영향이었지요.

극장과 연극에 대한 교회의 가르침

검투 경기와 더불어 로마제국에서 흥행하던 또 한 가지 오락은 극장의 연극 공연이었습니다. 연극의 기원은 정확하게 밝혀지지 않았으나 일반적으로 기원전 6세기경 고대 그리스의 아테네 축제인 디오뉘소스제(祭)에서 시작되었다고 알려집니다. 디오뉘소스(Dionysos)는 올림포스 신들 중에서 유일하게 신과 인간 사이에서 태어난 쾌락의 신이었습니다. 연극의 기원이 암시하듯이 연극은 쾌락을 충족하기 위한 이교적이고 음란한 요소들이 가득했습니다. 고대 그리스에서 연극은 사실상 신께 바치는 제사였습니다. 이런 기원과 함께 그리스 아테네에 세워진 디오뉘소스 극장은 최초의 석조 극장으로 대략 1만 7천여 명의 관객을 수용할 수 있었다고 합니다.

연극은 그리스에서 공중 오락의 최초 형태였습니다. 그리스의 유명한 극작가가 아이스킬로스(Aeschylus), 소포클레스(Sophocles), 에우리피데스(Euripides) 등인데 이들의 작품은 다 신들의 이야기를 다루고 있었습니다. 로마가 기원전 146년 그리스를 정복한 후

| 디오뉘소스 극장 |

그리스 연극은 로마에 영향을 주었는데, 로마의 연극은 그리스의 것보다 덜 종교적이었으나 음란하고 잔인한 내용이 중심을 이루었습니다. 로마인들은 기원전 3세기부터 연극 작품을 쓰고 공연했다고 전해집니다. 기원전 55년에는 폼페이우스에 의해 돌로 지어진 극장이 로마의 캄포 마르지오(Campo Marzio)에 등장했는데, 이것이 폼페이우스 극장(Theatrum Pompeii)입니다. 2만 7천 명을 수용할 수 있었습니다. 그리고 현재까지 로마에 현존하는 가장 오래된 극장은 기원전 11년에 완성된 캄피돌리오 광장 밑의 테베레 강 쪽에 위치한 마르켈루스 극장인데, 1만 5천 명을 수용할 수 있었습니다. 마르쿠스 아우렐리우스 황제 치하(161-180)에서 건축가 제노가 지은 아스펜도스의 극장은 1만 2천 명을 수용할 수 있었습니다. 이렇게 극장이 건축되면서 로마제국 전역에 지어진 상설 극장만 125개에 달했다고 합니다. 로마인 가운데 대표적인 극작가로는 세네카(Seneca), 플라우투스(Plautus), 테렌티우스(Terentius) 등이 언급되고 있습니다.

이 시대에 살던 초기 그리스도인들에게 연극 관람은 바람직한 일이었을까요? 교회는 어떻게 가르쳤을까요? 한마디로 말하면, 교회는 세속적 눈요기 혹은 구경거리(the Show)에 부정적이었습니다. 연극만이 아니었습니다. 마차 경기나 검투사들의 경기에 대해서도 동일했습니다. 이런 입장을 굳게 지지한 대표적인 인물이 앞서 소개한 라틴 교부 테르툴리아누스입니다. 그는 이렇게 말합니다.

"하나님께 더 가까이 가려고 하는 하나님의 종들이여, 자신을 하나님께 온전히 드리도록 해야 합니다. 그렇게 하기 위해서는 당신의 믿음의 상태, 진리에 대한 깊은 생각, 기독교적 생활의 규칙이 어떠한지 부지런히 성찰해야 합니다. 이미 자기를 시험하여 보고 그렇게 살아왔다고 고백한다 하더라도 계속 자신을 돌아봐야 합니다. 그 이유는 무의식적이든 의도적이든 무지 때문에 죄를 짓는 일이 없어야 하기 때문입니다. 세속의 즐거움이 주는 힘은 엄청납니다. 우리의 육신은 우리가 의식적으로 무지에 빠지는 길로 인도합니다. 그 길은 계속 그런 세상의 즐거움에 탐닉하게 합니다."[12]

테르툴리아누스는 그의 책《공연에 관하여》(De Spectaculis)에서 극장을 '악마의 집'이라 불렀습니다. 그는 이렇게 말했습니다. "우리가 믿음에서 멀어지는 것은, 이 세상에 존재하는 것뿐 아니라 이 세상의 죄로 우리 자신을 더럽히기 때문입니다." 구경꾼으로 서커스나 연극을 보러 가는 것은 세라피스(Serapis)의 신전에 제물을 바치는 것과 다를 바가 없다는 인식이었습니다. 세라피스는 이집트의 신으로 그 신전은 알렉산드리아의 세라페움에 있었습니다.

그리스도인들의 극장 출입을 반대한 데에는 두 가지 분명한 이유가 있었습니다. 첫째는 연극의 소재가 대부분 신들의 이야기였고, 신들(gods)과 인간 간의 부도덕한 관계가 만연한 내용이었기 때문입니다. 테르툴리아누스는 신들의 이야기, 곧 신화는

"역사가 아니라 허구적 이야기(fasulae)에 불과하다(Fabulae sunt, non historiae)"라고 비판했습니다. 두 번째는 극의 내용이 음란했기 때문입니다. 종교라는 이름으로 혼음이 행해지는 등 난잡한 내용이 었습니다. 그래서 타티아누스(Tatianus, 120-173)는, "그들은 허세를 부리며 떠들썩하게 마시고, 품위 없는 몸짓을 한다. 당신의 아들과 딸들에게 무대 위에서 행해지는 간음을 따르게 한다"라고 지적한 바 있습니다. 그런가 하면 기독교와 예수님을 모욕하며 기독교 신앙을 풍자하는 연극도 있었습니다.

한편 이교도 배우인 게네시우스(Genesius)가 기독교를 조롱하는 연기를 하던 중 죄를 깨닫게 된 놀라운 사건도 기록으로 남아 있습니다. 세례를 풍자적으로 모방하는 중 회심하는 역사가 일어난 것입니다.[13] 그는 이교를 버리고 기독교 신앙을 받아들였습니다. "위대하신 황제여, 그리고 이 풍자극을 보며 크게 웃고 있는 모든 이들이여, 내 말을 믿어라. 그리스도는 진정한 주님이시다"라고 고백했다고 합니다. 이 일로 체포되었고 고문을 당했지만, 단호한 태도를 취했습니다.

> "나에게는 그리스도 외에는 어떤 왕도 없다. 나는 그를 보았고 그를 경배한다. 그를 위해서 나는 천 번이라도 목숨을 바칠 것이다. 나는 그동안 지은 죄를 뉘우치며 이렇게 늦게 진정한 왕의 군사가 된 것을 후회한다."

이 일로 그는 처형되었습니다. 그때가 로마제국에서 기독교에 대한 탄압이 극심했던 디오클레티아누스 황제 통치기였습니다.

오락과 여흥에 대한 교회의 가르침

앞에서 소개한 로마 시대의 대표적인 두 종류의 오락, 곧 검투 경기와 연극에 대해 초기 기독교는 부정적이었습니다. 이런 오락에 대해 가장 부정적이었던 인물이 2세기 대표적인 라틴 교부였던 테르툴리아누스였습니다. 북아프리카 카르타고 출신인 테르툴리아누스는 이교 가정에서 출생했으나 기독교로 개종한 이후 자신의 모든 학식으로 신앙을 변호하고 기독교적인 삶을 가르치는 교사가 되었고, 하나님을 위한 논쟁자(contender for God)가 되었습니다. 그는 이교도들에 대항하여 기독교를 변증하는 작품을 썼을 뿐 아니라 각종 이단에 대항하여 정통 기독교 신앙을 변호하였고, 교회가 발전해 가는 과정에서 겪는 영적 해이나 나태에 대해서도 비판하면서 기독교적인 생활 방식을 제시하고자 했습니다.

이런 목적으로 쓰인 책이 앞서 소개한 《공연에 관하여》라는 책입니다. 영어로는 *On the Spectacles* 혹은 *The Shows*라고 번역되는데, '관람에 관하여,' '구경거리에 관하여' 혹은 '오락적인 쇼에 대하여'라는 뜻입니다. 이 문서는 197년에서 202년 어간에 기록된 것으로 보이는데, 도덕적이고 금욕적인 내용을 담은 소책자입니다. 이 책에서는 서커스(곧 검투 경기 circus), 연극(theatre), 혹은 원형 경기장에 참석하거나 참관하는 것이 도덕적으로 정당한가 여부와 그 의미가 무엇인지 설명하고 있습니다.

이 글에서 테르툴리아누스는 인간적인 즐거움의 추구는 하나님에 대한 거역일 수 있다고 지적하면서 모든 검투 경기, 연극, 마차 경기 등에 대한 참관이나 원형경기장 입장을 금지해야 한다고 가르치고 있습니다. 그는 로마 사회에서 공공연하게 시행되고 있는 공중 오락은 하나님의 창조 질서를 무너뜨리고 하나님께서 인간에게 주신 재능을 오용하는 일이라고 보았습니다. 근본적으로 그는 이런 오락이나 구경거리는 고대 로마의 종교 의식인 리베랄리아(the Liberalia)나 콘수알리아(the Consualia), 에퀴리아(the Equiria), 혹은 바카날리아(the Bacchanalia)에서 유래하였다고 보았습니다.

리베랄리아는 3월 17일에 열리는 로마의 고대 포도주 축제인데, 포도의 신 리버(Liber)와 그의 아내 리베라(Libera) 신에게 희생 제물을 바치는 축제였습니다. 희생제물을 바치고 행진을 하며 노래를 부르고 가면을 쓰는 의식을 치렀지요. 로마 공화정 말기와 제정 초기의 역사가 리비우스(Titus Livius, BC59-AD17)는 이 축제야말로 '광기와 타락의 난동장'이라고 성토한 바 있습니다. 이 종교 의식은 그리스의 디오뉘소스 축제와 같았습니다. 콘수알리아 역시 풍요의 신 콘수스(Consus)를 기념하는 고대 로마의 마차 경기 축제로, 1년에 두 차례(8월 21일, 12월 15일) 행사가 치러졌습니다.

초기
그리스도인은
오락을 즐겼을까

에퀴리아는 승마 경기를 뜻하는 에퀴쿠리아(equicurria)에서 유래했는데, 이 역시 고대 로마의 마차 혹은 승마 경기 축제로서 마르스(Mars) 신을 위한 축제였습니다. 마르스 신은 농업의 신이자 전쟁의 신입니다. 축제일은 2월 27일과 마르스 신 이름에서 유래한 3월(마르티우스) 14일이었습니다. 바카날리아는 로마에서 널리 알려진 술(酒)의 신 바쿠스(Bacchus)를 기념하는 축제인데, 로마의 고대 종교 의식 리베랄리아, 그리스의 디오뉘소스 축제와 비슷했습니다. 종교적인 축제라고 하지만 사실은 종교를 핑계로 술을 마시고 황홀한 상태에서 즐기는 광적이고도 음란한 축제였습니다. 이 축제는 기원전 200년경에 로마에 전파되었다고 합니다. 이 축제가 남녀 간의 난교 혹은 음란한 성행위로 사회적 물의를 일으키자, 로마의 역사가인 리비우스의 기록에 의하면, 관련자 7천 명을 색출하여 대부분을 처형한 일이 있었다고 합니다. 이처럼 로마의 축제가 종교적 의미를 지니고 있었으므로 테르툴리아누스는 당시의 오락인 구경거리에 참여하지 말라고 권고했던 것입니다.

테르툴리아누스가 볼 때 이런 축제에서 기원한 오락과 구경거리는 우상숭배였습니다. 그의 주된 관심사는 구경거리가 항상 종교적인 혼란을 불러일으킨다는 점이었습니다. 이런 행사에 참가하거나 관람하면 극도로 흥분하게 되고, 결국 욕망에 사로잡힌다고 본 것입니다.

정리하면, 테르툴리아누스는 세 가지 이유에서 검투 경기나 연극의 관람을 반대했습니다. 첫째는 그것들이 우상숭배에 뿌리를 두었고, 둘째는 정욕을 추구하여 저급한 감정을 자극한다고 보았기 때문입니다. 그래서 성령이 거하시는 성도들의 마음의 평정심을 해친다고 보았습니다. 셋째는 인간성을 해치고 도덕적 타락으로 이어진다고 보았기 때문입니다. 그래서 이런 행사에 참여하지 말도록 권고한 것입니다.

초기 교회와 교부들은 그 시대의 여흥과 오락에 대해서도 기독교적 기준을 제시했습니다. 이는 오늘을 사는 우리에게 던지는 질문이기도 합니다. 우리는 어떤 방식으로 즐기고 살아가고 있는가. 그들은 그리스도인이라는 정체성이 기독교적 삶의 방식(라이프스타일)으로 어떻게 드러나는지를 분명하게 보여 주고 있습니다.

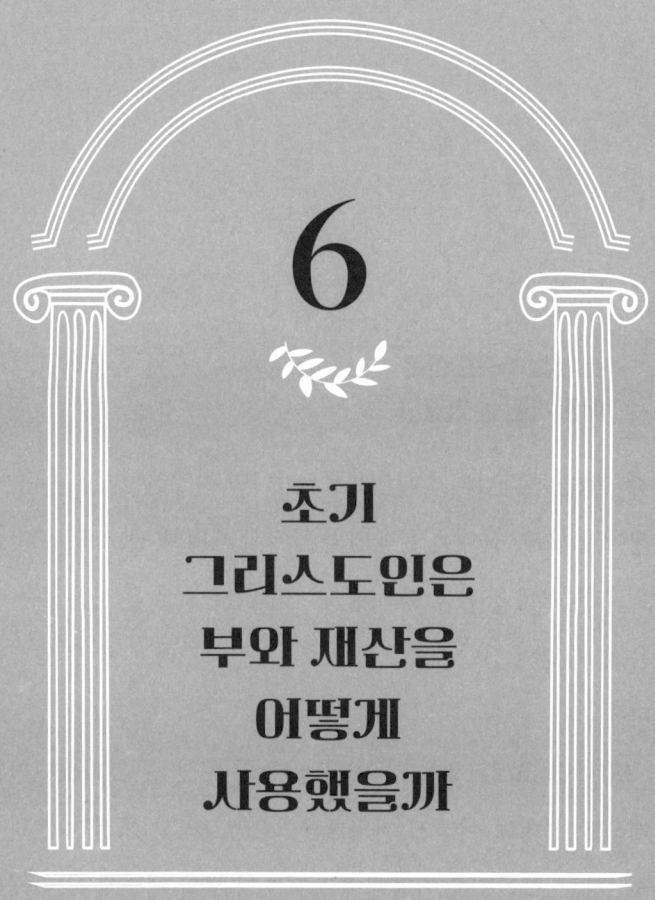

6

초기
그리스도인은
부와 재산을
어떻게
사용했을까

◇ 초기 그리스도인은
어떻게 돈을 썼을까

부는 하나님의 축복일까요? 아니면 신앙인이라면 부를 멀리해야 할까요? 물질은 현대인의 삶에서 떼려야 뗄 수 없는 것이지요. 그렇기에 물질을 잘 사용해야 합니다. 물질을 사용하는 방식은 한 사람의 신앙과 인격을 보여 주는 척도라고 할 수 있겠습니다.

그렇다면 초대교회는 부와 가난, 부와 재산 등 그리스도인의 경제생활에 대해 어떻게 가르쳤을까요? 그리고 이런 가르침에 초기 그리스도인들은 어떻게 반응했으며 부와 재산에 어떤 태도를 가졌는지 소개하려고 합니다.

먼저 부와 재산, 물질의 사용에 대한 성경의 가르침을 살펴본 후 초대교회 교부들의 가르침을 알아봅시다.

구약성경의 가르침

성경에는 돈, 재산 혹은 부에 대한 교훈과 가르침이 적지 않습니다. 예수님이 가르치신 37회의 비유 중에 부 혹은 재산에 대한 내용이 17회에 달합니다. 돈이나 부에 대한 성경의 가르침을 보면, 부를 하나님의 축복의 한 양상으로 말하면서도, 다른 한 편으로는 부에 내재한 영적 위험성을 지적하고 있습니다. 즉 성경은 부가 지니는 양면성을 다루고 있습니다.

구약에는 부가 하나님의 축복이라는 사상이 강하게 나타납니다. 아브라함, 이삭, 야곱 등 구약의 족장들은 다 부자였습니다. 창세기 13장 2절은 "아브라함에게 가축과 은과 금이 풍부하였더라"고 하였고, 이삭이 야곱에게 축복할 때도 물질의 복을 간구하였습니다. "하나님은 하늘의 이슬과 땅의 기름짐이며 풍성한 곡식과 포도주를 네게 주시기를 원하노라"(창 27:28).

의인이었던 욥은 당대 보기 드문 부자였고 자신이 소유한 부가 하나님이 베푸신 축복의 소산임을 인정하고 감사하였습니다. 그의 모든 소유가 사라졌을 때도 "내가 모태에서 알몸으로 나왔사온즉 또한 알몸이 그리로 돌아가올지라. 주신 이도 여호와시요 거두신 이도 여호와시오니 여호와의 이름이 찬송을 받으실지니이다"(욥 1:21)라고 감사하였지요. 거듭된 시련에도 불구하고 하나님을 향한 신뢰를 포기하지 않았기에 하나님은 그의 재산을 갑절이나 더하도록 부를 허락하셨습니다. 솔로몬은 이전이나 이후의 어느 왕과도 비교가 되지 않을 정도로 부와 명예를 누렸던 왕이었습니다. "내가 또 네가 구하지 아니한 부귀와 영광도 네게 주노니 네 평생에 왕들 중에 너와 같은 자가 없을 것이라"(왕상 3:13).

이상에서 본 바처럼 성경에서 부(富) 혹은 부요(富饒)는 하나님이 베푸신 축복의 결과로 언급되고 있습니다. 특히 신명기에서 재물을 순종하는 자에게 주시는 보상으로 강조하고 있습니다. "네가 네 하나님 여호와의 말씀을 순종하면 이 모든 복이 네게 임하며… 네게 복을 주사 네 몸의 소생과 가축의 새끼와 토지의 소산을 많게 하시며"(신 28:2, 11), "여호와께서 명령하사 네 창고와 네 손으로 하는 모든 일에 복을 내리시고 … 네게 주시는 땅에서 네게 복을 주실 것이며 … 네가 많은 민족에게 꾸어 줄지라도 너는 꾸지 아니할 것이요"(신 28:8, 12)라고 말씀하셨습니다. 하나님은 재물을 얻게 하는 능력을 인간에게 축복으로 허락하십니다(신 8:17-19). 잠언 10장 22절에서는 "여호와께서 주시는 복은 사람을 부하게 하고"(the blessing of the Lord brings wealth)라고 하심으로 부는 하나님의 선물이며(전 5:19) 축복의 결과임을 말하고 있습니다.

성경은 부 그 자체를 정죄하지 않습니다. 도리어 '선택'(창 12:3, 17:16 등), '구원'(시 9:6, 11:1), '보호와 은혜', '평강 주심'(민 6:24-26), '전쟁의 승리'(창 24:60, 27:29) 등과 함께 물질적 풍요를 하나님의 축복의 한 양상으로 설명하고 있습니다. 그래서 초기 교부들은 가난을 이상화하지도, 부를 무조건 부정하지도 않았습니다. 부 자체는 본래 중립적이어서 적절하게 사용하면 선한 도구가 될 수 있었습니다. 그래서 교부들은 부를 적절하게 사용하라고 강조했을 뿐입니다. '부의 적절한 사용'이란 다름 아닌 가난한 자를 돕는 것이었습니다(《디다케》 4:8 등).

신약성경의 가르침

신약에서는 부가 구약에서만큼 축복으로 강조되고 있지는 않으나, 한 분 하나님에게서 온 계시라는 점에서 신구약이 서로 연속성과 통일성을 가지고 있음을 고려한다면 신약은 구약의 가르침과 본질적으로 다르지 않습니다. 신약 시대에서는 현세의 복을 무시하거나 불필요한 것으로 가르치지 않지만(마 6:11, 딤전 4:4), 신령한 복을 더 강조하고 있습니다(마 6:24).[1] 그리고 구약에서는 부가 하나님이 베푸신 축복의 한 형태라고 말하지만, 신약에서는 물질적 부에 내재한 영적 위험을 경고합니다.

예수님은 어떤 입장이셨을까요? 예수님은 재산이나 소유, 곧 부 그 자체를 부정하지는 않았지만, 부가 가져올 수 있는 위험성을 부단히 경고하셨습니다. 누가복음 12장 16절 이하의 어리석은 부자 비유에서, 부나 재물은 이 세상의 것을 추구하도록 유혹하고 그리스도와 그의 나라로부터 멀어지게 하는 위험이 있음을 지적하셨습니다. 그리고는 "그의 나라를 구하라. 그리하면 이런 것들(물질)을 너희에게 더하시리라"(눅 12:31)고 가르치셨습니다.

그뿐만 아니라 재물은 말씀에 대한 관심을 질식시키고 그 결실을 방해한다는 점을 씨 뿌리는 비유를 통해 선포하셨습니다. 즉 "가시떨기에 뿌려졌다는 것은 말씀은 들으나 세상의 염려와 재물의 유혹에 말씀이 막혀 결실하지 못하는 자"(마 13:22)라고 말입니다. 땅에 있는 부는 거짓 안도감을 주고 영적 분별력을 흐리게 함으로써 하나님 나라의 부를 소유하지 못하게 만든다(마 6:24, 눅 12:16 이하)는 것입니다. 재산에 대한 관심이 지나친 나머지 하나님이 예비하신 천국 잔치를 거절하는 영적 어리석음을 지적하기도 하셨습니다(눅 14:19). 이처럼 신약에서는 물질적 부가 가져올 수 있는 영적 위험성을 경고하고 있습니다.

교부들이 주목했던 바처럼, 재물이 우상이 될 수 있음을 더욱 분명하게 지적한 경우는 마태복음 6장 24-25절입니다. 예수님은 "한 사람이 두 주인을 섬기지 못할 것이니 혹 이를 미워하고 저를 사랑하거나 혹 이를 중히 여기고 저를 경히 여김이라. 너희가 하나님과 재물을 겸하여 섬기지 못하느니라"라고 말씀하십니다. 여기서 재물²도 하나님과 같이 섬김의 대상이 될 수 있다는 사실을 알려 주십니다. 즉 부는 단순한 경제적 효용 가치를 넘어 종교적 성격을 지닐 수 있다는 것입니다.

마태복음 6장 24-25절에서 '섬기다'라는 동사가 두 번이나 사용되었는데 예수님은 재물을 의인화하여 그것이 일종의 숭배의 대상이 될 수 있다는 점을 지적하십니다. 그 이유는 마태복음 6장 24절과 누가복음 16장 13절에서 알 수 있듯이 인간은 독립적인 존재가 아니라 누군가를 섬기며 살도록 지음 받은 의존적인 존재이기 때문입니다. 본문에 쓰인 '섬긴다'는 뜻의 헬라어가 로마서 6장 6절과 7장 6절에도 사용되었는데 이 두 본문의 문법적 의미를 고려해 볼 때 '섬긴다'는 종교적 행위의 대상이 복수가 될 수 없음을 알 수 있습니다. 그래서 우리는 하나님을 섬긴다고 하면서 동시에 물질을 섬길 수 없고, 물질을 신뢰하면서 동시에 하나님을 섬길 수 없다는 점을 배우게 됩니다. 우리는 두 대상에 동일한 헌신을 바칠 수는 없습니다. 이런 점에서 존 화이트는 "우리는 오직 한 가지 중심만을 갖도록 지음 받았다"(We were created to have one center)라고 말한 바 있지요.[3]

이 본문에서 예수님은 부의 정당한 사용이나 의로운 재물에 대한 교훈, 혹은 부의 균형적 분배 등 재물에 대한 윤리적 가르침을 강조하신 것이 아닙니다. 부 자체가 우리의 섬김의 대상이 될 수 있다는 물신적 성격을 교훈하고 계십니다. 그래서 초기 교부들은 물질에 대한 집착을 경계했던 것이지요.

무엇을
의지할 것인가

부와 재산에 내재된 영적 위험성에 대한 가르침을 좀 더 살펴볼까요. 부자 관원에 대한 말씀은 부의 영적 위험성에 대한 대표적인 본문이라고 할 수 있는데, 공관복음인 마태, 마가, 누가

복음 모두가 이 내용을 다루고 있습니다(마 19:16-30, 막 10:17-31, 눅 18:18-30).

한 청년(관원)이 "내가 무엇을 하여야 영생을 얻으리이까?"라고 묻자 예수님은 계명을 지키라고 말씀하십니다. 이 청년이 모든 계명은 다 지키고 있다고 대답하자, 예수님은 한 가지 부족한 것이 있다고 하시고, "네게 있는 것을 다 팔아 가난한 자들에게 나눠 주라. … 그리고 와서 나를 따르라 하시니"라고 하셨습니다(눅 18:22). 모든 계명을 다 지켰다고 주장하는 이 청년에게서 예수님은 '한 가지 부족한 것'(막 10:21, 눅 18:22, 마 19:21, 마태복음에서는 '네가 온전하고자 할진대'로 되어 있다)을 보셨는데 그것은 그가 마음 깊이 부를 신뢰하고 있다는 점이었습니다. 재물이 많았던 이 청년에게 부는 그리스도를 온전히 따르는 데에 방해가 되었던 것입니다. 그래서 예수님은 자신의 소유를 팔아 가난한 사람들에게 나누어 주고, 당신을 따르라고 그에게 말씀하셨습니다.

여기서 재산을 버리라는 요구는 '나를 따르라'는 요구에 우선합니다. 즉 소유의 포기가 예수님을 따르는 것보다 선행되어야 합니다. 왜 그랬을까요? 적어도 부자 청년은 인식하지 못하는 가운데, 하나님보다 물질을 신뢰하고 있었습니다. 그렇기에 청년에게 물질의 포기는 주님을 온전히 따르기 위해 선행되어야 할 일이었습니다. 그 사실을 아신 예수님은 "네 소유를 팔아 가난한 자들에게 주라. … 그리고 와서 나를 따르라"는 명령으로 그리스도의 제자가 되기 위한 자발적 빈곤을 요구한 것입니다.

그렇다면 예수님의 온전한 제자가 되기 위해서는 우리도 모든 소유를 포기해야 할까요? 그렇지 않습니다. 이 부자 청년에게 요구되었던 재산의 포기는 모든 사람에게 동일하게 해당되는 보편적 요구가 아니었습니다. 단지 자신도 의식하지 못한 채 물질을 의지하고 있는 이 청년에게 필요한 요구였습니다. 물질에 대한 신뢰가 주님을 온전히 따르는 데 방해가 되기 때문이지요. 그래서 재산 포기가 우리 모두에게 적용되는 요구라고 볼 수는 없습니다.

아리마대 요셉은 '부자'이면서도 '예수의 제자'로 불렸습니다 (마 27:57). 또 부유한 세리 삭개오의 결단, "내 소유의 절반을 가난한 자들에게 주겠사오며 만일 누구의 것을 속여 빼앗은 일이 있으면 네 갑절이나 갚겠나이다"(눅 19:8)는 불의한 재물과 부당한 징세를 돌려주겠다는 약속이었습니다. 재산의 나머지는 그대로 소유하겠다는 뜻이지요. 그럼에도 예수님께서는 "오늘 구원이 이 집에 이르렀"다고 선언하셨습니다(마 27:57, 눅 19:8-9).

이런 점들을 고려하면 재물을 소유하는 일과 제자가 되는 일은 양립할 수 없는 것은 아님이 분명합니다. 그럼에도 불구하고 부자 청년을 향하여 "네 소유를 팔아 가난한 자들에게 주라. … 그리고 와서 나를 따르라"고 하신 것은 부의 자발적 포기가 제자의 삶을 위한 필수 조건임을 말하기 위함이 아니라, 적어도 이 청년에게 있어서 부요는 영적 위험으로 작용했고, 영생의 걸림돌이 되고 있었기 때문입니다. 그래서 청년에게 재산을 포기하라고 요구하신 것입니다.

네덜란드의 철학자이자 법학자인 헤르만 도이베이르트 (Herman Dooyeweerd)가 지적했듯이, 피조된 인간은 창조주 하나님을 섬기든지, 아니면 피조물 중의 어느 하나를 섬길 수밖에 없는 존재로 지음 받았습니다.[4] 인간은 본성적으로 하나님과 다른 어떤 것, 이를테면 물질을 동시(同時)에 동가(同價)적으로 섬길 수 없습니다. 청년에게 있어서 부는 신뢰의 대상이 되고 있었으므로 그리스도를 온전히 따르기 위해서는 재물의 포기가 선행되어야만 했던 것입니다. 이런 점에서 가난한 자는 단지 가난하다는 이유 때문이 아니라 의지할 소유물이 없다는 점에서 주님을 온전히 따르기에 유리하다고 할 수 있습니다.[5] 바로 이런 이유에서 예수님은 "가난한 자는 복이 있나니"(눅 6:20)라고 하신 것입니다.

◇ 무엇을 섬길 것인가

예수님은 제자들에게 "재물이 있는 자는 하나님의 나라에 들어가기가 심히 어렵도다"(막 10:23)라고 하셨습니다. 이 말씀을 듣고 제자들은 크게 놀라지만 예수님은, "낙타가 바늘귀로 나가는 것이 부자가 하나님의 나라에 들어가는 것보다 쉬우니라"고 말씀하심으로 재물이 가져올 수 있는 부정적 측면을 지적하셨습니다. 같은 내용을 기록한 마가복음 10장 24절에는, "얘들아 하나님의 나라에 들어가기가 얼마나 어려운지"[6]라는 말씀이 첨가되

어 있습니다. 이 말씀에 비추어 볼 때 예수님이 분명히 재물에 내
포된 영적 위험성을 경고하고 있음을 알 수 있지요.

사실 "낙타가 바늘귀로 나가는 것이 부자가 하나님의 나라에 들
어가는 것보다 쉬우니라"는 말씀은 충격적이었습니다. 후대의 기
독교인들은 낙타가 무릎을 꿇고서야 통과할 수 있는 문인 소위 '낙
타 문'(Camel gate)이 예루살렘에 있었다고 가정하며 이 충격을 완화하
고자 했습니다. 헬라어 '낙타'(κάμηλος, camel)를 아예 '밧줄'(κάμιλος,
rope)의 잘못된 기록으로 해석하기도 했습니다. 신약학자 브루스
메츠거(Bruce Metzger, 1914-2007)의 설명처럼, 이것은 예수님의 말씀
이 주는 충격을 희석시키려는 후대의 시도였음이 분명합니다.[7]

부에 대한 그릇된 태도가 영적 생활에 미치는 위험성은 서신
서에서도 동일하게 강조되었습니다. 초기 기독교 공동체도 이 부
분을 강조했다는 의미입니다. 바울은 디모데에게 보낸 서신에서
(딤전 6:17-19) 다음과 같이 교훈했습니다.

> "네가 이 세대에서 부한 자들을 명하여 마음을 높이지 말고 정
> (定)함이 없는 재물에 소망을 두지 말고 오직 우리에게 모든 것
> 을 후히 주사 누리게 하시는 (살아 계신) 하나님께 두며, 선을 행
> 하고 선한 사업을 많이 하고 나누어 주기를 좋아하며 너그러
> 운 자가 되게 하라."

바울은 부에 내재된 위험을 지적하고 있습니다. 즉 "재물에 소

초기
그리스도인은
부와 재산을
어떻게 사용했을까

망을 두지 말고… '살아 계신'(이 말은 우리말 성경에서는 번역되지 않았다) 하나님께 두라"고 함으로써 부유함에 내포된 위험성은 살아 계신 하나님이 아니라 재물에 소망을 둘 수 있다는 점임을 지적하고 있습니다. 앞서 언급했던 부자 청년에게서 발견되는 동일한 함정이지요. 그래서 예수님은 하나님을 온전히 섬기는 데 방해가 되는 부를 핍절한 자들에게 나눠 주라고 하셨던 것입니다. 재물은 일상을 꾸려 가는 데 유용하지만, 재물이 갖는 물신적 성격 때문에 부는 하나님을 온전히 의뢰하는 종교적 삶을 방해하는 영적 위험으로 작용할 수 있는 것입니다.

바울이 경고한 "돈을 사랑함이 일만 악의 뿌리가 되나니"라는 말씀은 예수님이 경계하셨던 재물에 대한 욕망과 탐욕에 내포된 영적 위험성을 지적한 내용입니다(딤전 6:9-10 참조). 그래서 초대 교부 중 알렉산드리아의 클레멘트(Clemence of Alexandria, 190-210)는 자의적 빈곤을 강요하지는 않았으나 자의적 가난의 가치를 인정했고, 부가 영혼에 미칠 수 있는 위험성을 지적한 바 있습니다.[8] 이것은 자신의 독창적인 가르침이 아니라 사실은 바울의 가르침을 그대로 인용한 것이었습니다.

헬라인들에게 제우스는 권력의 신이었고, 아테나는 지혜의 여신, 아프로디테는 사랑의 여신, 맘몬은 부의 상징이었습니다. 헬라인들은 인간이라면 본성적으로 부를 신격화할 수 있음을 보여 주었습니다.

정리하면, 인간은 하나님을 섬기도록 지음 받은 존재이지만 하나님을 섬기지 않을 때 다른 어떤 것, 이를테면 재물을 섬길 수밖에 없는 본성을 지닌 존재입니다. 그래서 예수님과 바울의 가르침에 근거하여 초기 교부들은 인간이 하나님과 재물을 동시에 섬길 수 없는 존재임을 지적하고, 우리가 하나님을 섬긴다면 전심으로(wholehearted) 섬겨야 한다고 강조합니다. 성경은 여러 곳에서 하나님이 우리의 부분적인 헌신이나 분산된 마음이 아니라 순전하고도 온전한 섬김을 요구하고 계신다는 것을 보여줍니다.[9]

부를
나누는 공동체

초기 기독교회는 부에 대해 어떤 태도를 취했을까요? 사도행전 2장에 보면, "믿는 사람이 다 함께 있어 모든 물건을 서로 통용하고 또 재산과 소유를 팔아 각 사람의 필요를 따라 나눠 주며"(행 2:44-45)라고 기록되어 있습니다. 예루살렘 교회는 재산과 소유를 함께 나누는 공동체였습니다(행 2:43-47, 4:32-37, 5:1-11, 6:1-7 참조). 사도행전 4장을 보면 부의 분배와 공유에 대한 또 다른 기록을 볼 수 있습니다.

"믿는 무리가 한마음과 한뜻이 되어 모든 물건을 서로 통용하고 자기 재물을 조금이라도 자기 것이라 하는 이가 하나도 없더라. 사도들이 큰 권능으로 주 예수의 부활을 증언하니 무리가 큰 은혜를 받아 그 중에 가난한 사람이 없으니 이는 밭과 집 있는 자는 팔아 그 판 것의 값을 가져다가 사도들의 발 앞에 두매 그들이 각 사람의 필요를 따라 나누어 줌이라"(행 4:32-35).

이 본문에서 강조되고 있는 것은 초기 기독교 공동체 구성원들이 소유와 재산을 공동으로 이용하며 더불어 살았다는 점입니다. 그러나 재산과 소유를 팔아 필요한 사람에게 나눠 주는 일은 자발적인 행동이었습니다. 즉 의무도 강제도 아니었습니다. 또 모든 재산을 팔아 무소유 상태가 되는 것도 아니고 한꺼번에 모든 재산을 처분한 것도 아니었습니다. 단지 '필요에 따라'(행 2:45, 4:35), 곧 팔아야 할 필요가 생겼을 때 자신의 소유를 처분하여 도움이 필요한 사람에게 나누어 주었다는 뜻입니다.

이를 뒷받침하는 두 가지 근거도 살펴볼 수 있습니다. 첫째, 대개의 그리스도인이 여전히 자신의 집을 소유하고 있었다는 점입니다(행 12:12). "집에서 떡을 떼며"(행 2:46)라는 표현에서 보듯이 여전히 집을 소유하고 있었으므로 가정에서 집회가 가능했습니다. 베드로는 아나니아에게 "땅이 그대로 있을 때에는 네 땅이 아니며 판 후에도 네 마음대로 할 수가 없더냐?"라고 질책했는데(행 5:4) 재산의 소유권과 더불어 재산 헌납은 자발적 행위였음을 알 수 있습니다. 아나니아와 삽비라의 죄는 재산을 다 주지 않고 그 중 얼마를 챙겨 두었다는 점이 아니라 그들이 모든 것을 다 바치는 듯 가장한 행위에 있었던 것입니다.

둘째, 재산을 파는 행위를 나타내는 헬라어 동사는 단회적 행동을 뜻하는 단순과거형이 아니라, 미완료형으로 되어 있습니다.[10] 즉 사도행전 2장 45절의 "재산과 소유를 팔아(ἐπίπρασκον)"라고 할 때 이 말은 단 한 번의 행동으로 끝난 것이 아니라 가난한 사람들이 있을 때마다 그들의 소유를 팔아 필요한 사람에게 분배하였음을 의미합니다.

이 같은 점을 볼 때 초대교회는 '필요에 따라' 재산과 소유를 팔거나 분배함으로써 부를 공유했습니다. 이는 동료 그리스도인들을 사랑했기에 가능한 일이었습니다. 사도행전을 기록한 누가는 자신의 재산을 처분하여 나누어 준 모범 인물로 바나바를 (행 4:36-37), 자기 재산의 일부를 자신만을 위해 확보하려 했던 부정적 인물로 아나니아와 삽비라 부부를 소개하고 있습니다(행 5:1-11). 아나니아와 삽비라의 근원적인 문제는, 필요해서가 아니라 더 많이 소유하기 위해 일부를 숨겨 둔 부에 대한 탐욕이었습니다. 영국의 존 테일러(Bishop John Taylor)는 "우리의 적(敵)은 소유 그 자체가 아니라 더 갖고자 하는 욕망"(our enemy is not possessions but excess)[11]이라고 지적하기도 했지요. 이를 잘 알았던 초기 교부들은 부유한 이들은 가난한 자들을 도와야 한다고 말하는 한편, 부에 대한 집착과 탐욕을 경계했습니다. 부의 분배를 통한 공유(共有)는 물질에 대한 자유를 의미했고, 이것은 헬라-로마 세계에서는 상상할 수 없는 아름다운 모습이었습니다. 그래서 '온 백성에게 칭송을 받았던'(행 2:47) 것으로 보입니다.

초기
그리스도인은
부와 재산을
어떻게 사용했을까

| 〈구제금의 분배와 아나니아의 죽음〉(1425-1427), 마사초. |

초대교회가 가난한 이에게 재산을 나누어 주는 모습과 아나니아의 죽음을 그린 작품

균등하게 하는
원리

초기 기독교회는 소유와 재산에 있어서 나눔과 공유를 실천했습니다. 이는 '자원하여 나누는 원리'(the principle of voluntary giving)이자 '균등하게 하는 원리'(the principle of equality)[12]의 모범이었습니다. 앞에서 언급했듯이, 부는 하나님의 축복의 한 양상이지만 그것을 절대시해서는 안 되며, 부는 독점하는 것이 아니라 가난한 이웃을 위한 사랑의 도구라고 가르쳤습니다.

부와 재산에 대한 초기 교부들의 가르침을 자세히 살펴보면 좋을 것 같습니다. 초대교회 교부들은 부에 내재한 영적 위험성에 대하여 놀라울 정도로 많은 경고를 남겼습니다. 초기 기독교 저자들 가운데 이 점을 언급하지 않는 이가 없었을 정도니까요. 2세기 초 시리아에서 기록된 《디다케》 4:5-8에서는 '가난한 자들을 향한 규칙'을 이렇게 제시하고 있습니다.

"받으려고 손을 벌리는 자가 되지 말고, 주려고 손을 끌어당기는 자가 되라. 네가 가진 것이 있다면, 너희 죄를 속량하기 위해 그대의 손으로 주라. 주는 것을 망설이지 말며, 주면서 불평하지 말라. 왜냐하면 보상해 주는 사람이 누구인가를 당신이 알게 될 것이기 때문이다. 가난에 처한 자들을 외면하지 말라. 모든 것을 네 형제와 함께 나누고 그것이 네 것이라고 말하지 말라. 왜냐하면 너희가 영원불변한 것을 함께하는 자라면 하물며 없어질 것들 안에서 함께

하지 못하겠는가?"[13]

《디다케》는 가진 이들에게 독점하기보다는 나누라고 가르칩니다. 이것은 사도행전 2장 44-45절과 4장 32-35절에 근거한 기독교 공동체의 독특한 삶의 방식이었습니다. 나그네를 선대했고 (히 13:2, 클레멘트1서 10-12), 노동할 수 없어 생계가 어려운 이들을 후원하였고, 고아와 과부들을 보살폈습니다. 당시 헬라-로마 사회에서는 찾아보기 어려운 독특한 삶의 방식이었습니다.

변증가 아리스티데스는 그의 첫《변증서》(Apologia)에서 기독교인들의 삶의 방식에 대해 이렇게 썼습니다.

"그들은 참으로 인류애와 친절함으로 살아간다. 그들 가운데 거짓이란 찾아볼 수 없으며 서로를 사랑한다. 그들은 과부를 멸시하지 않으며, 고아를 슬프게 하지 않는다. 사람들은 자신에게 공정하게 분배된 것조차 자신만의 것으로 여기지 않는다. 낯선 사람을 만나면 집으로 맞아들이고 형제처럼 즐겁게 대해 준다. 그들은 스스로를 형제들이라고 부르는데 그것은 육이 아니라 영에 따라서 그리고 하나님 안에서 함께 살고 있기 때문이다. 그리고 그들 중 가난한 사람이 죽으면 누구나 자신의 능력에 따라 죽은 자를 장사 지낸다. 그리고 만일 그들 동료 중 누구든 그들의 메시아의 이름 때문에 옥에 갇히거나 박해받는다는 소식을 들으면 그들은 모두 그의 궁핍함을 보살피며, 가능하다면 그를 구출한다. 그들 가운데 가난하고 궁핍한 사람이 있으면 그들의 일용품이 풍부하지 않음에도 불구하고 2, 3일씩 금식하며 자신이 일용할 양식을 가지고 가난한 사람을 돕는다."[14]

그리스도인들에게 있어서 중요한 가치는 나눔이었습니다. 소유나 재물은 자기 자신만을 위한 것이 아니었습니다. 심지어는 공정하게 분배된 것이라 할지라도 자신만의 소유로 여기지 않았고, 필요한 이들을 위해 기꺼이 사용하고자 했습니다. 이것이 바로 예수님과 바울이 가르쳤던 부에 대한 그리스도인들의 태도였던 것입니다.

◊ 의를 실천하는 도구

초기 교부들은 재물(富)을 가난한 자를 도울 수 있는 선한 도구로 보았습니다. 3세기 초 알렉산드리아의 암브로시우스 (Ambrosius)는 오리게네스에게 경제적인 지원을 아끼지 않았습니다. 오리게네스가 책을 쓸 수 있도록 지원해 준 것입니다. 알렉산드리아의 클레멘트는, "네게 있는 것을 다 팔아 가난한 자들에게 주라. … 그리고 와서 나를 따르라"(막 10:21)는 말씀을 자의적 빈곤을 권고하는 본문으로 보지 않았습니다. 그는 이 본문을 문자적으로 해석해서는 안 된다고 가르쳤고, 아낙사고라스(Anaxagoras, BC500-428년경), 데모크리투스(Democritus, BC460-380년경), 크라테스

(Krates, BC365~285년경)와 같은 그리스 철학자들도 세상의 재물을 포기하라고 말했다는 점을 지적하면서, 재물 자체를 거부하는 금욕주의적인 경향을 경계했습니다.

그는 예수님이 부자 세리였던 삭개오와 마태와 식사하면서 그들에게 재물을 포기하라고 요구하지 않았다는 점을 환기하면서 맹목적인 부의 포기가 성경의 가르침은 아니라고 본 것입니다. 도리어 그는 부는 가난한 자를 도울 수 있는 도구라고 말합니다. 즉 "만일 어느 누군가가 가진 것이 없다면 자신의 재물을 나누어 줄 기회가 있겠는가?"라고 묻고 "우리는 우리 이웃에게 베풀 수 있는 재물을 포기해서는 안 된다"라고 말합니다. 만약 부를 바르게 사용한다면 의를 위한 도구가 되지만, 그릇되게 사용한다면 불의의 도구가 되고, 욕심에 끌려 부자가 되고자 하는 것은 잘못이지만 일부러 가난하게 되려는 것도 잘못이라고 지적합니다.[15]

알렉산드리아의 클레멘트는 부자의 구원 문제를 다룬 글 "구원받게 될 부자는 누구인가"(Who is the rich man that shall be saved?)[16]에서, "세상의 모든 것은 사라질 것이다. 우리는 재물이 우리에게 영적으로 어떤 영향을 미치냐에 따라 그 가치를 판단한다. 만일 물질이 우리를 지배하지 않도록 한다면, 그리고 우리보다 더 불행한 사람에게 사용될 수 있다면 물질은 의의 도구가 된다. 물질을 어떻게 사용하느냐에 따라 그것은 선할 수도 있고 악할 수도 있다. 가난에 대해서도 동일하게 말할 수 있다. 가난한 자를 긍휼히 여겨야 하지만 가난 자체가 본래 선하거나 악하지 않다"고 지적했습니다.

일반적으로 콘스탄티누스 이전의 교부들은 부의 영적 위험을 경고하면서 부에 집착하지 않도록 경계했습니다. 그러면서도 부유한 그리스도인이 있다면 그의 재물은 가난한 자를 도울 수 있는 방편으로 간주했습니다. 그러다가 콘스탄티누스 이후 가난과 부에 대한 이론적인 혹은 체계적인 가르침이 나타나기 시작했습니다. 로마제국에서 기독교 공인(313)과 국교화(380)가 일어난 후, 교회 안에 현실에 안주하고자 하는 경향이 나타나면서 현실과 타협하려는 움직임이 생겼기 때문입니다. 4세기 이후 로마제국이 광범위하게 기독교화되면서 부유한 계층의 사람들이 그리스도인이 되었고, 부를 추구하는 일이 정당화되기 시작합니다. 부는 세속적인 성공의 길로 여겨졌던 것입니다. 이런 시기에 교부들은 부에 대해 언급하기가 더 어려워졌습니다.

이런 상황에서도 교회는 클레멘트의 가르침처럼 물질적 풍요가 초래할 영적 위험성을 가르치고 부유한 자는 가난한 자를 도와야 한다고 강조했습니다. 이 시기 일부 교부들은 부의 발생과 죄의 연관성을 지적하기 시작했습니다. 에덴동산에서 아담과 하와는 아무것도 소유하지 않았고 자연의 삶을 누릴 수 있었습니다. 그들은 가난하지 않았고 행복하게 살았습니다. 그러다가 이들이 뱀의 유혹을 받아 하나님께 불순종한 이후 자연의 삶은 사라졌고, 사람들은 소유와 부를 추구하게 됩니다. 이런 틀을 가지고 일부 교부들은 부가 죄와 연관되어 있다고 본 것입니다. 대표

적인 인물이 요한 크리소스토모스였습니다.[17]

◇◇◇ 자발적인
사랑의 실천

초기 기독교 신자들이 사랑을 실천하기 위해 물질을 어떻게 사용했는지에 대해 더 살펴보겠습니다. 성도들은 전심으로 사랑을 실천하고자 했으나 구제 행위는 의무나 강제가 아니라 자발적으로 이루어졌습니다. 로마에 거주했던 노예 출신의 그리스도인 헤르마스(Hermas)는 당시 교회를 지배하던 정신을 이 같이 말했습니다. 재산의 소유를 영혼의 짐으로 여겼고, 그것을 타인을 섬기는 도구로 여기는 것이 교회의 분위기였음을 엿볼 수 있습니다.

> "부유한 사람은 가난한 형제자매를 위해 자신의 부를 내려놓은 후에야 교회에 들어올 수 있었다."[18]

초기 그리스도인에게 재물은 빛이나 공기, 물 혹은 흙과 같이 다 같이 공유해야 할 그 무엇이었습니다. 그래서 이웃 사랑으로 물질을 포기하는 것은 그리스도인의 표식으로 간주되었습니다. 반면에 사랑의 실천이 식으면 그리스도의 정신을 상실한 것으로 간주하곤 했습니다(요 13:35). 그래서 사랑의 마음으로 빚진 자들을 대신하여 감옥에 가는 일도 있었다고 합니다. 믿음 안에 있는 형제자매의 유익을 위해 기꺼이 희생의 길을 선택한 것입니다.

실제로 초대교회에서 모든 소유는 가난한 이들을 위한 것이었습니다. 물질은 버려진 아이들과 여인들, 병든 자들과 궁핍한 이들을 위해 사용되었습니다.[19] 이런 사랑의 실천이 초대교회의 특징이었습니다. 어떤 상류층 여인들은 이런 사랑을 실천하기 위해 스스로 가난하게 되었습니다. 그리스도인들은 세상을 살아가기 위해서 재산은 어느 정도 필요하지만 그 재물에 집착해서는 안 된다는 점을 알고 있었습니다. 초대교회 그리스도인들은 자신의 식품 저장고를 마치 공동 창고처럼 손님과 유랑인들에게 개방했고, 사랑을 베푸는 대상은 교회 밖으로 확대되었습니다.

초기 로마에 있던 교회는 선행과 구제 사업에 앞장섰는데, 이런 시혜에 대한 중요한 기록이 남아 있습니다. 250년경 로마교회가 정기적으로 도움을 베푼 가난한 사람들이 무려 1,500명에 달했다는 것입니다.[20] 에버하르트 아놀드는 초기 기독교회의 문헌에 근거하여 이렇게 말하고 있습니다.

"가장 작은 교회 공동체에서조차 지도자는 가난한 이들의 친구가 되어야 했고, 최소한 한 사람의 과부에게 책임을 맡겨 어떤 병자나 궁핍한 사람도 절대 방치되지 않도록 밤낮으로 주의를 기울였다. 교회의 집사 역시 가난한 사람들을 찾아다니며 도와주어야 할 책임이 있었고, 부유한 형제를 독려하여 힘닿는 대로 가난한 자를 돌

초기
그리스도인은
부와 재산을
어떻게 사용했을까

보게 할 의무가 있었다. 집사는 식탁 봉사도 담당했다. 섬기는 일에는 '배우지 못했다' 혹은 '할 수 없다'는 변명은 통하지 않았다. 모두 가난한 사람들의 처소를 찾아다녔다. 초기 그리스도인들은 타 종교인들이 그들의 신전에 바치는 돈보다 더 많은 돈을 길거리에 쏟았다."[21]

초기 그리스도인들은 물질에 내포된 영적 위험을 알고 있었고, 물질은 이웃을 섬기는 선한 도구라는 점을 알고 실천했습니다. 또 가난하고 궁핍한 이웃을 돕기 위해 스스로 소박한 삶을 추구했습니다. 결국 그리스도인들의 일상에서 자발적 사랑의 실천은 사회 공동체의 빈곤 문제를 상당 부분 해소하게 되었습니다. 이것은 이교도들이 관찰한 결과였습니다.

경계를 넘는 나눔

재산과 부에 대한 3세기 이후 교회의 가르침에 대해서도 여러 기록이 남아 있습니다. 카르타고의 주교였던 키프리아누스는 기독교로 개종한 연극배우를 후원했던 흥미로운 기록을 남겼습니다. 이방 신화와 관련된 연극을 하던 배우가 기독교인이 되자 이방 신들 이야기를 공연하던 자신의 직업을 포기했습니다. 결국 경제적으로 어려움에 처한 그의 생계를 위해 교회는 물질을

후원했던 사실이 기록되어 있습니다.[22]

253년에는 야만인들이 북아프리카 누미디아(Numidia) 지방을 황폐하게 하여 많은 그리스도인들이 삶의 터전을 잃게 되었습니다. 이때 카르타고교회 성도들이 피해를 입은 이들을 위해 후원금을 모금했는데, 모금액이 당시 화폐 단위로 10만 세스테리우스(Sesterius)였다고 합니다. 세스테리우스는 고대 로마의 화폐 단위입니다. 현대의 화폐로 정확하게 환산하기는 어렵지만 단순 화폐 가치로 볼 때 약 12억 5천만 원 정도로 추정됩니다. 당시 10만 세스테리우스는 엄청나게 큰 금액이었습니다.

그런가 하면, 카르타고와 알렉산드리아 등지에서 전염병이 발발하여 많은 이들이 어려움을 겪고 있을 때 그리스도인들은 이교도들에게까지 도움을 베풀었습니다.[23] 그리스도인들은 재앙을 당한 이들에게는 신자이든 비신자이든 가리지 않고 도움을 베풀었고 어떤 차별도 두지 않았습니다.

이 점에 대한 중요한 기록이 이교도 황제 줄리안(Julian, 331-363)이 언급한 내용입니다. 유명한 철학자이자 헬라어 작가이기도 했던 그는 361년부터 363년까지 제국을 통치했는데, 기독교를 반대하여 '배교자 줄리안'(Julian the Apostate)이라고도 불립니다. 그는 갈라디아의 이방 종교 사제인 아르사키우스(Arsacius)에게, "무신론자인 갈릴리 사람들(기독교인을 칭함, 저자 첨가)은 그들의 가난한 자들만이 아니라 우리의 가난한 자들까지 먹여 살렸다"라고 증언했습니다. 그는 기독교를 배척하고 이교의 부흥을 의도하여 황제의

초기
그리스도인은
부와 재산을
어떻게 사용했을까

권위로 이교를 지원했으나 "이교의 제의(祭儀)는 가난한 자들의 복지에는 완전히 실패했다"고 인정했을 정도였습니다.[24] 그리스도인들은 이교도들과는 달리 교회 공동체 내의 가난한 자들을 도왔고, 부의 분배에 적극적이었습니다. 이러한 삶의 방식은 이교도들에게 감동을 주었습니다. 그들의 보편적인 구제는 이방 세계에서는 낯선 일이었기 때문입니다.

앞에서 지적했지만 초기 교부들은 부의 합당한 사용에 대해 가르치면서 동시에 부요와 헛된 세욕(世欲)에 빠지지 않도록 경고했습니다. 대체로 교부들은 "사유 재산은 분쟁의 뿌리"라고 생각했습니다. 또 개인 재산 확보를 위한 투쟁은 원초적인 선한 질서, 곧 하나님께서 모든 사람들에게 동등하게 주신 몫을 파괴한다고 보았습니다. 위대한 설교가로 불리기도 하는 요한 크리소스토모스는 이렇게 말했습니다.

"하나님의 현명한 분배에 주의하라. 그렇지 않으면 하나님은 인간을 부끄럽게 만드실 것이다. 하나님은 태양과 공기, 땅과 물을 공동의 것으로 창조하셨다. … 그의 은총은 모든 인간에게 균등하게 분배된다. 보라! 관심을 가진 사물들이 공공의 것일 때는 분쟁이 없고, 모든 것이 평화로울 뿐이다. 그러나 사람들이 어떤 것을 스스로 소유하고 그것을 자기 것으로 만들고자 할 때는 자연 스스로가 격분하였던 것처럼 분쟁이 야기된다. 하나님은 어떻게 해서든지 우리를 결합시키려 하지만, 우리가 공공의 물질을 독점(專有)하고 '내

것과 네 것'이라는 차디찬 언어를 사용함으로써 우리 자신을 분리하고 분열시키기에 광분한다. 그때 그곳에는 분쟁과 분열이 있을 뿐이다."[25]

크리소스토모스보다 앞선 시대 인물이었던 카이사레아의 바실리우스(Basilius of Caesarea, 329-379)는 아리우스주의를 반대하고 니케아 신앙을 고수했던 인물로서 부유한 지주 가문 출신이었습니다. 그는 이집트 수도승들의 급진적 금욕주의의 영향을 받아 그의 전 재산을 가난한 이들에게 나누어 주었습니다. 그는 부자 농부에 관한 비유, "또 이르되 내가 이렇게 하리라. 내 곳간을 헐고 더 크게 짓고 내 모든 곡식과 물건을 거기 쌓아 두리라"(눅 12:18)에 대한 설교에서 빈궁한 이들을 도울 수 있음에도 불구하고 자신의 재산을 혼자 간직하는 것은 '강도요 도둑'이라고 불렀습니다. 크리소스토모스도 동일한 생각이었지요.[26]

◊◊◊ **소유의 불균형을
해소하는 일**

카이사레아의 바실리우스는 "내가 내 재산을 혼자 간직한다고 해서 그것이 남에게 해를 끼치는 것입니까?"라고 반문하는 이들에게 이렇게 말합니다.

초기
그리스도인은
부와 재산을
어떻게 사용했을까

"말해 보라. 과연 네 것이 무엇이냐? 너는 그것을 어디서 얻었고, 세상에 가지고 왔는가? 그것은 마치 극장의 한 좌석을 잡아 놓고 후에 오는 모든 관객을 내쫓는 것과 같다. 모든 사람을 위한 것을 자기만을 위한 것으로 생각하는 것이다. 부자들은 바로 그와 같은 사람들이다. 만인 공동의 것을 선취함으로써 그들은 그것을 자기 것으로 만든다. 만일 각자가 자신의 시급한 요구를 만족시키는 데 필요한 것만큼 취하고 나머지는 나와 마찬가지로 필요로 하는 사람들을 위해 남겨 둔다면 어떤 인간도 부자일 수 없을 것이다."[27]

여기서 바실리우스가 '극장 좌석' 비유를 사용한 것이 흥미롭습니다. 이는 앞서 스토아 철학자 크리시푸스(Chrysippus, BC279-206)가 썼던 비유입니다. 크리시푸스는 사유재산권을, 먼저 도착한 사람이 점유한 극장 좌석에 비유하여 옹호했는데, 바실리우스는 그 비유를 다시 이용하되 사유 재산의 독점적 사용이 아닌 나눔을 강조한 것입니다. 그는 자기가 관할하는 도시의 가난한 자, 노인들, 병자들, 그리고 성지를 순례하는 이들을 위한 합숙소를 겸한 복지 시설 설립을 추진했는데, 이 역시 이웃을 위한 나눔과 배려였습니다.

바실리우스의 친구이자 그와 더불어 '카파도키아의 교부들'이라고 불리는 나지안주스의 그레고리우스(Gregorius of Nazianzus, 330-389)[28]는 동료들과 더불어 동방교회의 전통을 형성한 신학자였고, 삼위일체론과 성령론 등 정통 교리를 정립하는 데 공헌했던 인물입니다.[29] 그는 재산과 부에 대해서도 소중한 가르침을 주었지요. 재산의 결핍과 과잉이라는 불균형, 부의 소유와 관련한 예속과 자유는 아담이 타락한 결과라고 보았습니다. 하나님은 인간을 자유롭고 독립된 존재로 창조하셨고, 태초에는 소유의 불균형이 없었다고 지적했습니다. 태초의 인간은 낙원의 모든 것을 마음껏 자유롭게 쓸 수 있었지만 질투와 불순종을 좋아하는 뱀의 유혹으로 본래의 조화가 파괴되었다고 보았습니다. 그래서 정의와 베풂, 나눔 등 자선 행위는 이 조화가 상실된 상태를 회복하는 단계라고 보았습니다.[30]

정리해 보겠습니다. 바실리우스나 나지안주스의 그레고리우스는 인류가 타락한 결과로 사유 재산이 형성되기 시작하여 부의 독점, 부의 불균형이 일어났다고 보았습니다. 이런 견해는 후대 교회에 많은 영향을 끼쳤습니다. 한 가지 사례가 프란체스코 수도단의 경우입니다. 수도원 제도의 영향도 무시할 수 없지만 초기 기독교회의 위대한 교부들은 그리스도인 개인이나 교회 공동체가 재산을 소유하는 것을 반대했습니다. 바실리우스, 나지안주스의 그레고리우스, 요한 크리소스토모스, 밀란의 암브로스 등이 바로 그들입니다.[31] 중세시대 위클리프도 이 견해를 견지했지요.

이렇게 볼 때, 초기 기독교는 소유나 돈, 물질의 적절한 사용을 강조했는데, 이는 '가난한 자를 돕는 것'을 의미했습니다. 일반적으로 콘스탄티누스 이전의 교회는 재산과 부를 경시하고, 재산을 팔아 가난한 자들을 주라(막 10:21)는 명령을 문자적으로 따랐다고 볼 수 있습니다. 왜냐하면 당시 초기 그리스도인들은 자신을 나그네 혹은 순례자로 여겼으며 천국을 사모하는 마음으로 이 땅을 살았기 때문입니다. 그러다가 4세기 콘스탄티누스 이후 교회가 안주 공동체가 되면서 부와 재산 소유에도 관심을 갖게 됩니다. 그래서 교회 지도자들은 부와 재물, 혹은 물질의 사용에 대해 빈번하게 가르치기 시작한 것입니다. 다만, 알렉산드리아의 클레멘트는 이전부터 부의 위험을 지적했지요.

◇ 부와 재산, 너그럽고 소박하게 사용하라

초기 교회는 부와 재물의 문제를 개인적 차원에서만 생각했고, 경제 정의에 대해서는 깊이 생각하거나 어떤 가르침을 주지는 못했습니다. 그러나 한 가지, 곧 고리대금업(usury)은 강하게 반대했습니다. 이 점은 초대교회 교부들이 일관된 입장을 고수했습니다. 이웃 사랑과 고리대금업은 병존할 수 없다고 본 까닭입니다.

아타나시우스(Athanasius)는 고리대금업은 심각한 죄, 심지어는 구원에 이르지 못하는 죄로 보았는데, 암브로시우스도 이에 동의하면서, "누군가 고리대금업을 하는 죄를 범하면 이는 도적질하는 것이며 그에게는 생명이 없다"라고까지 말할 정도였습니다. 고대 교부들의 이러한 입장은 특별히 가난한 자를 보호하기 위해서였지요.[32]

이상에서 부의 양면성과 부의 영적 위험성, 그리고 부에 대한 초기 기독교회의 가르침을 소개했습니다. 교회와 교회 지도자들의 가르침을 정리하면서, 물질에 지나치게 의존하는 물질주의(Materialism)나 지나치게 부정하는 금욕주의(Asceticism)는 성경의 가르침이 아니며, 따라서 부의 사용에 대한 적절한 대안이 될 수 없음을 알 수 있습니다. 존 스토트(J. Stott)는 "가난과 부, 그리고 소박한 삶"(Poverty, Wealth and Simplicity)이란 글[33]에서 부유한 그리스도인들을 위한 세 가지 대안을 이야기했습니다.

첫째, 가난하게 되는 것.

둘째, 부한 상태 그대로 있는 것.

셋째, 이웃에게는 관대하되 자신은 소박하고 자족하는 마음을 기르는 것.

존 스토트는 세 가지 중에서 예수님의 모범과 교훈, 그리고 초대교회적 실천을 따라 세 번째 대안, 곧 한편으로는 가난한 이들에게 후히 베푸는 마음을, 다른 한편으로는 소박하고 단순한 삶으로 자족하는 것이 부유한 그리스도인이 선택할 수 있는 합당한 대안이라고 제안했습니다.

바울은 부자들에게 교훈하면서 '이 세대의 부한 자들'에게 '가난하게 되라'고 말하지 않았지만, 그렇다고 해서 그들이 '부자인 채로 그저 있는 것'도 허락하지 않았습니다. 도리어 바울은 부가 가져올 수 있는 영적 위험들을 지적한 다음 자신의 소유로 "선을 행하고 선한 사업을 많이 하고 나누어 주기를 좋아하며 너그러운 자가 되게 하라"(딤전 6:18-19)고 권면하였습니다.

결국 그리스도인의 합당한 태도는 가난한 이웃에게는 너그러운 마음으로 대하고, 자신은 소박하고 자족하는 삶을 개발하는 것입니다. 재산이나 부는 궁극적으로 하나님께 속한 것입니다(신 2:19, 욥 41:11, 시 24:1, 50:12). 시편 기자는 "땅과 거기에 충만한 것과 세계와 그 가운데에 사는 자들은 다 여호와의 것이로다"라고 고백합니다. 우리는 단지 재산과 부를 관리하도록 위탁받은 청지기일 따름이지요. 그래서 디모데전서 6장 6-10절 본문은 부를 독점하는 부자들에게 주는 경고가 아닐 수 없습니다.

"그러나 자족하는 마음이 있으면 경건은 큰 이익이 되느니라. 우리가 세상에 아무것도 가지고 온 것이 없으매 또한 아무것도 가지고 가지 못하리니 우리가 먹을 것과 입을 것이 있은즉 족한 줄로 알 것이니라. 부하려 하는 자들은 시험과 올무와 여러 가지 어리석고 해로운 욕심에 떨어지나니 곧 사람으로 파멸과 멸망에 빠지게 하는 것이라. 돈을 사랑함이 일만 악의 뿌리가 되나니 이것을 탐내는 자들은 미혹을 받아 믿음에서 떠나 많은 근심으로써 자기를 찔렀도다."

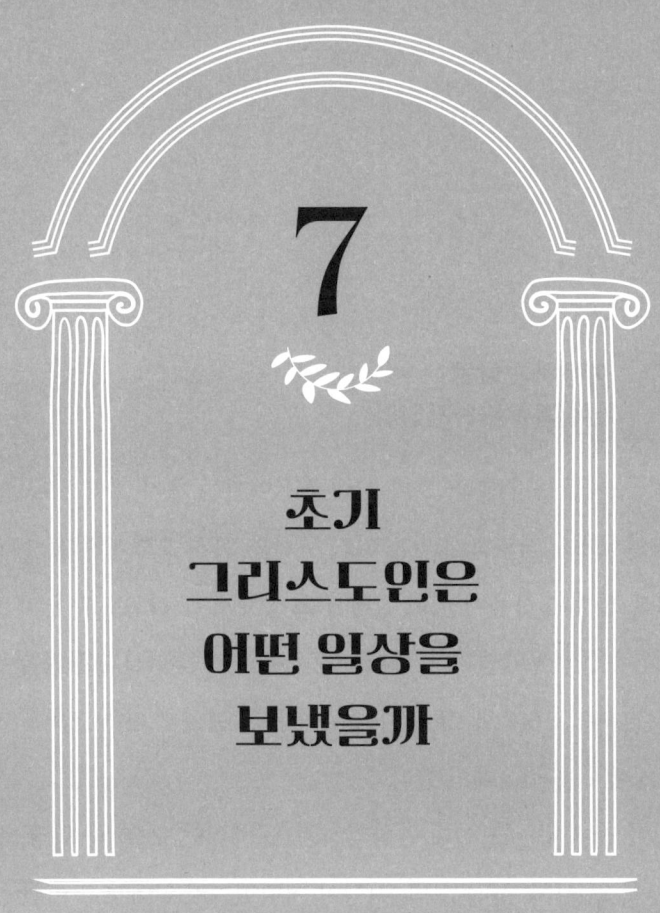

7

초기
그리스도인은
어떤 일상을
보냈을까

예배하는 삶은
현실과 무관하지 않다

지금까지 헬라-로마 시대를 살아가는 초기 그리스도인들이 일상에서 직면하게 되는 여러 문제들, 특히 오락과 여흥, 돈과 재산, 물질의 사용에 대한 성경과 초기 교회, 그리고 교부들의 가르침을 살펴보았습니다. 예배하는 삶은 이러한 현실과 무관할 수 없습니다. 그렇기에 그 시대의 사회 문화 현실에 대한 교회의 가르침에 귀를 귀울여야 합니다.

이 장에서는 그 시대 일상의 더욱 구체적인 모습, 곧 화장, 의복, 목욕, 사치, 성과 도덕, 여행이 어떠했는지 알아보고 이런 문제에 대해 그리스도인은 어떤 태도를 가졌는지 소개하고자 합니다. 그리고 오늘날처럼 대중 숙박 시설이 없던 시기, 교회는 손 대접에 대해 어떻게 가르쳤고 초기 그리스도인들은 이런 가르침에 대해 어떻게 반응했는지도 전달하겠습니다. 이를 통해 헬라-로마의 시대 상황에서 그리스도인들의 일상생활을 엿볼 수 있을 것입니다.

◇ 화장

어느 시대든 아름다움을 향한 인간의 욕망은 가장 강력한 힘이었습니다. 외모를 꾸미고 화장(化粧)을 하거나 문신(文身)을 새기는 일은 우리 시대뿐 아니라 고대에도 즐겨 하던 치장 방식이었습니다. 특히 여성은 본능적으로 미(美)를 추구합니다. 타인으로부터 부러움과 찬사를 받는 존재가 되고 싶다는 욕망은 끊임없이 인간을 충동했습니다. 그러기에 미에 대한 추구, 곧 외모 지상주의는 인류 역사만큼이나 긴 역사를 지니고 있습니다.

화장술이나 화장 도구, 재료가 발달한 오늘날에는 화장의 목적이 신체를 치장해 아름다움을 돋보이게 하거나 신체의 약점을 보완하는 데 있지만, 원시 시대 화장이나 문신은 아름다움을 표현하는 것 외에 다양한 목적을 지니고 있었습니다. 흔히 네 가지 목적이 있었습니다.

첫째는 신분을 표시하기 위해서입니다. 공동체가 형성되고 정착 생활이 시작되면서 종족을 구분할 뿐 아니라, 집단 내에서 신분, 계급을 구분할 필요를 느끼게 되어 신체를 채색하거나 문신을 새기기 시작했다는 주장입니다. 둘째는 자기를 보호하기 위해서입니다. 인간은 태생적으로 보호를 받으려는 본능을 지니고 있고, 동물이나 다른 종족의 위협으로부터 자신을 보호하기 위해 화장했다는 주장입니다. 셋째는 외모를 아름답게 장식하기 위해서입니다. 인간 내부의 자기 과시욕이 화장이 기원이 된다는 주장입니다. 넷째는 종교 의식을 위해서인데, 자연의 힘 앞에 나약했던 인간은 종교적 이유로 화장하거나 장식하고 문신을 했다는 주장입니다.

고대 이집트에서는 화장술이 크게 발달했습니다. 기원전 1400년경 투탕카멘의 양어머니로 알려진 네페르티티(Nefertiti, 재위 BC 1334-1332) 여왕 시대의 화장술은 현재까지도 신비로운 기술로 알려져 있습니다. 어느 이유이든 고대 이집트 시대부터 인류는 화장을 했고 오늘날까지 이어지고 있습니다.

화장의 일부인 문신(文身)도 역시 오랜 역사를 지니고 있습니다. 1991년 이탈리아와 오스트리아 국경 지역인 오찰(Otzal) 알프스에서 한 남성이 냉동 미라 상태로 발견되었는데, 놀랍게도 온몸에 61개의 문신이 새겨져 있었습니다. 이 남성은 5,300년 전쯤 사망한 것으로 추정되는데, 온몸에는 가로와 세로의 선들이 그려져 있었다고 합니다. 신분을 구분할 목적, 자기 보호, 장식, 혹은 종교적 이유 등 어느 것에 해당하는지는 딱히 확정할 수 없지만 문신의 역사는 그만큼 오랜 역사를 지녔음을 알려 주는 사건이지요.

동아시아에서는 문신이 형벌의 일종으로 사용되기도 했습니다. 중국 진(秦), 한(漢)나라 때의 법률이 적힌, 기원전 3세기의 목간(木簡, 글을 적은 나무 조각)이 발견되었는데, 특이하게도 문신이 여러 형벌 중 하나로 기록되어 있습니다. 일생 동안 지워지지 않도록 죄목을 얼굴에 새기는 형벌을 경형(黥刑)이라고 불렀습니다. 묵형할 '경'(黥)과 형벌 '형'(刑)을 조합한 이 '경형'은 죄인의 살에 먹실로 죄명을 써넣는 형벌입니다. 하기야 로마 시대에도 노예의 신체에 노예임을 뜻하는 '에스'(s, servus)나 '디'(d, doulos) 모양을 문신으로 새겼습니다. 일종의 신분 구별이자 형벌에 속했지요.[1]

세월이 지나면서 로마 시대에 이르러 화장은 크게 발달했습니다. 기원전 3세기 로마가 그리스를 정복한 이후 그리스 화장술이 로마로 전파되었고, 로마 시대 여성들의 화장은 보편적 현상이 되었습니다. 화장이나 문신은 외적인 자기 표현 혹은 자기 과시로 나타났고, 이를 통해 자신의 건강함이나 아름다움을 드러내고자 했습니다. 이런 상황에서 기독교 지도자들은 화장에 대해 어떻게 가르쳤을까요?

일반적으로 초기 교부들은 외적인 치장이나 화장, 외모 꾸미기 등은 육적인 일로 간주하여 부정적인 입장을 취했습니다. 일찍이 《디다케》 1:4에서, "그대는 물질적이며 육적인 정욕을 멀리하라"고 가르친 바 있습니다. 기본적으로 그리스도인은 이 세상에서 살고 있으나 이 세상에 속한 자들이 아니었고, 이 땅의 가치와는 다른 천국에 소망을 두고 있었습니다. 말하자면 이 땅에서는 순례자들이었고 심리적 이민자들인 셈입니다. 따라서 외모를 꾸미는 행위에 소극적이었습니다.

많은 교부들은 화장이나 화장품, 머리 모양(hair style)에 대하여 신랄한 풍자를 남겼습니다. 금욕주의적 성격이 강했던 테르툴리아누스는 예상대로 화장이라는 이름으로 시간을 낭비하는 일에 대하여, 그리고 머리 모양으로 외형을 꾸미는 일에 대해 책망했습니다. 그는 많은 사람들이 머리카락을 고동색(당시에 유행하던 색)으로 염색한 모습을 이렇게 표현했습니다.

"어울리지도 않는 새로운 스타일을 추구한다고 불쌍한 머리카락은 쉼을 누리지 못했다. 묶였다가 풀렸고, 올렸다가 내려졌다. 어떤 이들은 곱슬머리로 만들었고, 또 다른 이들은 길게 늘어뜨려서 바람에 휘날리게 했다."

당시에 패드(pad)와 롤(roll)로 만들어진 가발도 있었는데, 테르툴리아누스는 이렇게 반문했습니다.

"그것은 지옥에 가기로 결정된 일부 불쌍한 죄인들의 진흙탕 같은 머리처럼 보인다. 이 모든 것이 영혼에 어떤 가치가 있을까? 그렇게 치장한 여인들은 심판 날에 공중에서 그리스도를 만나도록 천사들이 [자신을] 옮겨 주리라고 기대할 수 있을까?"[2]

키프리아누스는 화장을 즐겨 하는 이들에게 "돈을 들여 화장하여 꾸민 아름다움으로는 주름살을 없애거나 죽음을 회피할 수 없다"라고 말하면서, 화장으로 자신을 꾸미는 일은 순간적이며, 머리카락 하나라도 바꿀 수 없다고 지적했습니다. "당신은 머리카락 하나라도 희거나 검게 할 수 없기" 때문에 머리카락을 염색하는 일도 반대한 것입니다.

히에로니무스(340-420) 또한 외형을 꾸미는 일에 대하여 매우 부정적이었습니다. 그는 "어떤 직업을 가진 사람들이 기독교인의 볼에 연지를 찍고 화장하게 하는가? 여성의 눈물이 피부 화장을 벗겨 자국을 만든다면, 그 여성의 죄를 위해서는 누가 눈물을 흘릴 수 있겠는가? 하나님께서 자신이 만드신 모습을 알아보지 못하는데 무엇에 의지하여 하늘을 향해 얼굴을 들 수 있겠는가?"라고 말했습니다. 외모 치장보다 내면의 정화가 더 중요하다고 강조한 것입니다.

이 당시 의복에 염색하기란 어려운 일이었습니다. 실제로 많은 기독교인들은 흰색 옷만 입었습니다. 그들은 당시 유행하는 로마의 토가(toga)보다 평범한 망토(cloak)를 더 선호했습니다. 교부들은 멋을 부리는 사람들을 책망했습니다. 당시에도 가발(假髮)이 유행했습니다. 테르툴리아누스는 가발을 반대하며 이렇게 말합니다. "안수할 때 장로는 누구의 머리에 안수하며 누구의 머리카락을 축복하는 것인가?" 초기 기독교인들은, 오늘 우리가 '중립'적인 태도를 취하는 대상에 대해서도 의견을 제시했고, 인간의 욕망을 통제해야 한다고 가르치고자 했습니다. 그들은 고급스러운 악기, 금이나 은 항아리, 흰색 빵, 외국산 포도주, 따뜻한 목

| 로마의 토가 |

| 그리스도인의 망토 |

욕, 깃털로 만든 베개를 멀리하라고 말했습니다. 항아리가 꼭 금이나 은이어야 할 필요가 없다고 보았고, 굳이 비싼 외국산 포도주를 사용할 이유가 없다고 본 것입니다. "야곱에게는 돌베개로도 충분했으므로 오늘 우리가 고급 베개를 고집할 이유가 없다"라고도 말했지요. 부유한 이들이 추구하는 허영에 마음을 두지 말라는 경고였습니다.[3]

◇ 의복

초기 교회 지도자들 가운데 여성의 의복에 관하여 왈가불가한 교부가 있었다는 점은 흥미로운 일이 아닐 수 없지요. 바로 앞서 여러 차례 소개한 테르툴리아누스입니다. 155년경 카르타고(Carthago)의 이교 가정에서 출생한 테르툴리아누스는 165년경 로마로 이주하여 법률을 공부한 인물로, 로마에서 활동했습니다. 195년경 다시 카르타고로 돌아와 기독교로 개종한 것으로 알려져 있습니다.

카르타고는 지금의 리비아 북부에 속하는 지역인데, 바다 건너 로마와 인접해 있어 일찍부터 교통과 무역이 발달하여 사치스럽고 개방적인 도시였습니다. 이곳은 지중해를 사이에 두고 로마와 패권 다툼을 벌였는데, 기원전 146년 제3차 포에니 전쟁에 패배하여 로마 공화정이 지닌 아프리카 속주의 일부가 되었습니다. 이후 완전히 파괴된 도시를 기원전 46년에 율리우스 카이사르가 재건하여 북아프리카 일대 상공업의 중심지가 되었습니다. 이곳에서 성장하고 활동한 테르툴리아누스는 기독교 신앙을 변호하는 변증의 전사(戰士)였습니다. 그는 교회 내에서 최초로 라틴어 작품을 썼는데 '한 본체 내에 세 위격'을 뜻하는 '삼위일체'라는 용어를 처음 사용했고, 그가 만든 라틴어 신조어가 무려 982개에 달했습니다.[4]

그는 많은 글을 썼는데 이 중 라틴어로 쓴 34편의 작품이 남아 있고, 헬라어로 쓴 글은 모두 소실되었습니다. 그가 라틴어로 쓴 글 중에 《여성의 복장에 관하여》(De cultu feminarum)라는 책이 있습니다.[5] 꼭 여성의 의복만을 다루는 것은 아니지만, 이 책의 주된 내용은 여성들의 복장에 대한 것으로, 여성들은 사치스러운 복장을 해서는 안 된다는 지침을 제시하고 있습니다. 이는 사치를 멀리하라는 정도의 권면을 넘어서는 주장으로, 하와를 통해 죄가 세상에 들어왔으므로 여성은 죄인이라는 자성과 함께 책임 의식을 가지고 살아야 한다고 본 것으로 읽힙니다. 이러한 맥락에서 밝고 빛난 옷이 아닌, 어두컴컴하고 채색되지 않은 옷을 입어야 한다고 주장한 것이지요.

또 그는 기독교 신앙을 가진 여성은 사치스러운 장신구나 장식품을 포기해야 한다고 말하면서, 하나님이 사치스러운 도구를 만드신 것은 인간의 자기 통제력을 시험하기 위한 것이라고 주장합니다. 화려한 옷이나 보석(finery)도 인간의 통제력을 시험하시는 수단이라는 것입니다.[6] 그리스도인에게는 겸손함이 있어야 하

초기
그리스도인의
라이프스타일

고 그것이 외적으로 드러나야 하는데, 의복에서도 그러해야 한다고 권면했습니다. 특히 테르툴리아누스는 "검소한 그리스도인들이 하늘의 보상을 얻기 바란다면 세상의 장식품과 장신구를 버려야 한다"[7]고 피력합니다.

그는 엄격한 도덕주의자였으며 금욕적 성격이 강했습니다. 그는 혼인했으나 독신 생활이 결혼 생활보다 더 고상하다고 믿었고, 자신이 죽으면 재혼하지 말라고 부인에게 당부하기도 했습니다. 이러한 그의 윤리의식은 여성의 복장에 대한 가르침에도 그대로 드러납니다. 여성은 사치를 멀리해야 하고 외모를 꾸며서도 안 되고, 단순하고 어두운 복장을 하여 자신의 부끄러움을 알아야 한다고 주장한 것입니다. 때문에 그는 여성주의자들(feminists)로부터 큰 비난을 받았습니다.

그의 제자 키프리아누스는 "처녀의 복장에 관하여"(De habitu virginum, On the Dress of Virgins)라는 글을 썼는데, 테르툴리아누스의 주장과 거의 동일합니다. 그리스도인은 하나님이 거하는 성전이며 외적 화려함(보석, 화장, 의복 등)은 내면의 가난함을 드러낼 뿐, 하나님이 주신 본래의 모습을 훼손하는 것으로 그는 생각했습니다. 그래서 그리스도인들은 "평범한 옷을 입어야 하고 모든 보석과 장식품을 멀리해야 한다"고 가르쳤습니다. 물론 당시의 모든 주장을 오늘날에 그대로 적용하기 어렵겠습니다. 그러나 오랜 세월의 간격에도 불구하고 외모를 꾸미기보다는 내면세계를 성찰하고, 검소하고 단순한 삶을 살아야 한다는 가르침은 우리에게도 유효한 가르침이 아닐까 싶습니다.

목욕

목욕은 그리스도인이든 아니든 누구에게나 가장 흔한 일상입니다. 이런 일상에 대해서도 교회나 교부들이 교훈한 내용이 있을까요? 먼저 로마 사회의 목욕과 목욕 문화가 어떠했는지를 살펴보면 좋겠습니다. 공중목욕탕은 기원전 3세기 무렵부터 이탈리아반도에 퍼지기 시작하여 기원전 1세기경에는 로마제국 곳곳으로 확산되어 로마인들의 삶에 없어서는 안 될 시설이 되었습니다.

대부분의 고대 로마 도시에는 공중목욕탕이 있었습니다. 로마인들은 목욕뿐만 아니라 독서와 사교 생활의 중심지인 이러한 목욕탕을 테르메(thermae)라고 불렀습니다. 이 말은 '뜨겁다'(hot)는 뜻을 가진 헬라어(θερμός)에서 유래했는데, 대규모의 공중목욕탕을 의미하는 단어였습니다. 주로 인근의 강이나 개울에서 수로를 통해 물을 공급받은 뒤 불로 데워서 온탕을 채웠다고 합니다.

그런가 하면 발레에(balneae, 혹은 발레아 balnea)라고 부른 목욕탕도 있었습니다. 이 말은 헬라어 발라네이온(βαλανεῖον)에서 유래했는데, 목욕을 의미하기도 하지만 목욕할 수 있는 시설을 의미합니다. 테르메가 대규모의 목욕탕 시설이라면, 발레에는 이보다 작은 규모의 시설로 로마 전역에 산재해 있던 공사립 목욕탕을 의미합니다. 이런 목욕탕들은 냉탕 욕실인 프리지다리움(frigidarium), 온탕 욕실인 테피다리움(tepidarium), 열탕 욕실인 칼다리움(caldarium), 열기 욕실인 라코니쿰(laconicum), 목욕 후 몸을 식힌 뒤 오일이나 향수를 뿌리는 공간인 운찌오니움(unzionium)으로 구성되어 있었고, 남탕과 여탕이 구별된 곳도 있었지만 남녀 혼탕도 있었다고 합니다. 물론 이런 시설에는 탈의실(apodyterium), 체력 단련실(palestra), 실외수영장(natatio)이 갖추어져 있었습니다. 이런 시설만 보더라도 공중목욕탕은 단순한 목욕탕이 아니라 쾌락 시설이었음을 알 수 있습니다.

기원전 33년에 아그립바가 조사한 통계에 따르면 로마시에만 170개의 목욕탕이 있었다고 합니다. 그런가 하면, 109년에는 트라이아누스 황제에 의해 거대한 공중목욕탕 곧 테르메가 완공되었는데, 길이가 330미터, 너비가 215미터에 달했다고 합니다. 하드리아누스 황제(재위 117-138) 때 로마시에는 대규모 테르메가 11개처, 그밖에 개인이 경영하는 소규모의 목욕탕이 900여 곳이나 있었습니다.[8] 황제가 시민들을 위해 시혜를 베푸는 차원에서 많은 목욕탕을 건립했기 때문이었습니다.

216년에는 카라칼라 황제(재위 211-217)에 의해 거대한 공중목욕탕이 완공되었습니다. 물론 지금은 사라졌지만 그 유적을 보면 실로 거대한 테르메였음을 알 수 있습니다. 길이가 224미터, 너비가 185미터로 2천 명 이상이 동시에 목욕할 수 있는 규모였습니다. 이런 목욕탕은 단지 목욕 시설만이 아니었고 로마인들의 일

| 〈카라칼라 목욕탕〉(1899), 로렌스 알마 타데마. |
혼욕이 가능했던 로마인의 화려한 일상을 그린 작품

상에 중요한 현장이었으므로 타키투스는 이를 대표적인 '로마 문화'라고 불렀습니다.

문제는 로마에서 목욕은 단지 몸을 씻는 행위가 아니라 쾌락의 행위였다는 점입니다. 이는 목욕탕 건축 양식과 목욕탕 내부에 남아 있는 목욕하는 여인상, 목욕탕 벽면을 장식했던 비너스 여신상 등을 통해 확인할 수 있습니다. 로마제국의 어떤 도시든 공중목욕탕이 있었기에 도시에 살고 있던 그리스도인들도 목욕탕을 이용했음이 분명합니다. 당시 테르메의 이용료는 한 코드란트였다고 합니다. 코드란트는 당시 최소 단위의 화폐였으므로 목욕탕 이용료는 거의 무료에 가까웠습니다.[9] 따라서 목욕탕은 부유한 이들뿐만 아니라 평범한 이들도 자유롭게 이용할 수 있는 시설이었습니다. 그곳은 또한 사교와 교류의 공간이기도 했습니다.

이런 현실에서 교회나 교회 지도자는 목욕탕에 대해 어떻게 반응했을까요? 로마인들은 목욕을 즐겼고 그 시대 그리스도인들도 이를 거부할 이유는 없었을 것입니다. 그리스도인들에게도 쉼이나 휴식이 필요하고 고단한 일상에서 자신의 위생과 건강을 지키는 일은 소중하기 때문입니다. 따라서 여가를 즐기거나 목욕하는 일 자체는 누구나 하는 일상사이고 이를 문제시할 이유도, 근거도 없습니다. 그래서인지 고대 교부들이 목욕에 대해 특별하게 교훈한 기록을 찾지 못했습니다. 목욕이 비도덕적이거나 비신앙적인 일이 아니므로 교부들도 이런저런 훈계를 할 필요가 없었을 것입니다.

목욕탕은 일종의 사교장이었으므로 그곳은 몸을 씻는 곳일 뿐 아니라 인적 교류, 정보의 유통 등 사회적 기능을 겸했습니다. 신체 노출 자체도 문제시되지 않았습니다. 금욕적인 성격이 강했던 테르툴리아누스조차 목욕은 건강을 위해서라도 필요한 일이라고 인정했고 자신도 목욕하기를 주저하지 않았습니다.[10] 알렉산드리아의 클레멘트는 《교사》(Paedagogus)에서 목욕탕을 이용하는 이들을 위한 규율을 제시했는데, 절반은 의료적인 내용이었고, 절반은 도덕적인 것이었습니다. 이 글은 리옹(Lugdunum)과 비엔나의 신자들의 불만을 담고 있었는데, 이들은 신자라는 이유로 공중목욕탕 출입이 금지당했고[11] 그것이 기독교인들이 부당하게 취급당한 첫 번째 징표라고 생각했습니다. 클레멘스도 목욕을 금지하지 않았고, 지침을 정했을 따름입니다. 그 지침이란, 청결과 건강을 위한 공중목욕은 허용했으나, 즐거움이나 치장을 위한 목욕은 영혼을 나태하게 만들기에 금한다는 내용이었습니다.

여담이지만 아우구스티누스도 《고백록》에서 목욕에 대해 한 번 언급한 적이 있습니다. 어머니를 여의고 슬픔을 억제하기 위해 목욕을 했으나 슬픔과 비통한 마음이 누그러지지 않았다고 합니다.[12] 그도 목욕 자체를 금하지 않았고, 또 그럴 이유도 없었던 거지요.

그러나 당시 유행하던 혼탕에서의 혼욕(混浴)에 대해서는 부정적이었습니다. 교회 지도자들이 문제시한 것은 목욕 자체가 아니라 혼탕과 혼욕이었습니다. 4세기의 키프로스 살라미스의 교부였던 에피파니우스(Epiphanius of Salamis, 310/320-403)는 그 시대 유대인들 가운데서도 혼욕이 일반적이었다고 지적한 바 있습니다. 수도인 로마시보다는 지방 도시에 이런 풍속이 더 심했다고 합니다. 클레멘트는 혼탕에서 혼욕하는 일이 알렉산드리아에서 일상사였다고 지적했고, 키프리아누스나 암브로시우스는 혼욕은 신자들만이 아니라 이교도들에게도 위험한 행위라고 강하게 반대했습니다.

특히 키프리아누스는 눈이 간음하면 마음도 간음하게 된다며 혼욕을 꾸짖었습니다. 기독교가 공인된 이후에도 성직자들의 빈번한 혼탕 출입을 금지시켜야 하며, 이를 어기는 평신도들은 출교시켜야 한다고 설명했습니다. 테르툴리아누스도 이런 풍속은 비신앙적이고 비도덕적이라고 보았습니다. 혼탕은 동성애의 온상이 될 수 있다고 비판했습니다. 그래서 초기 기독교에서 혼욕은 논쟁거리가 되었고, 혼욕탕에 자주 가는 것은 이혼의 정당한 사유가 될 수 있다는 인식이 널리 퍼져 있었습니다.

또 한 가지, 교부들은 목욕을 정결 의식 혹은 세정식(洗淨式)으로 여기는 일에 대해 경계했다는 점입니다. 당시에 목욕을 단순히 몸을 씻는 일로 여기지 않고 의식적 행위로 간주하는 이들이 있었습니다. 목욕을 유대인들의 정결 의식으로 여기기도 했는데 이와 비슷한 의식은 유대교의 한 종파인 에세네파에서도 나타난 바 있습니다. 이런 경우 히브리서 10장 22절의 "몸은 맑은 물로

씻음을 받았으니"라는 말씀이 목욕을 의식적 행위로 이해하는 근거로 인용되기도 했습니다. 그러나 테르툴리아누스는 기도하기 전에 온몸을 씻어야 한다거나 세례받기 전 목욕하는 의식을 치러야 한다는 생각은 미신이라고 가르쳤습니다. 또한 서부 아프리카에서 성 세례 요한 축제 때 바다로 가서 자기 몸을 씻어야 하는 관행을 아우구스티누스는 '이교적'(pagan)이라고 비판했습니다.[13]

이렇게 로마 사회에 성황을 이루었던 거대한 목욕탕 테르메는 4세기경부터 서서히 쇠퇴했습니다. 기독교가 끼친 영향 때문이라는 주장이 있으나 이를 확증할 근거는 없습니다.

◇ 사치

교부들은 한결같이 사치나 사치한 생활에 대해 부정적이었습니다. 그들은 견유학파(the Cynics)를 따라 실용성을 유일한 기준으로 삼았습니다. 견유학파란 소크라테스의 제자인 안티스테네스가 만든 고대 그리스 철학의 한 학파인데,[14] 자신의 본성에 따라 자연스럽게 사는 삶을 이상으로 삼았고, 주어진 환경에 만족하며 소박한 삶을 추구했습니다. 쾌락이나 사치를 멀리하고 무욕(無慾)의 정신을 추구하며 실용성을 중시한 이들이었습니다. 교부들이 세욕을 추구하지 않는 자족하는 삶을 가르쳤기에 견유학파의 실용성을 기준으로 삼았다고 리처드 엘더슨은 말하고 있습니다.

초기 교부들 가운데 클레멘트는 부요(富饒)함을 변호했는데, 그렇다고 해서 맹목적으로 부의 추구를 정당화하지는 않았습니다. 그는 부 자체를 문제시한 것이 아니라 부에 내포된 위험성을 견제했지요. 그는 부가 얼마나 위험할 수 있는지 알고 있었습니다. 부는 '꼬리를 잡는 방법을 알지 못하면 물리게 될 뱀과 같은' 것이었습니다. 그렇기에 부유한 기독교인은 자신의 재물을, 자선을 위한 목적으로 올바르게 사용해야 하고, 사치를 일삼는 도구로 삼아서는 안 된다고 가르쳤습니다.

클레멘트는 부끄러운 줄 모르는 사치, 값비싼 보석, 세공품과 드레스, 화려한 욕실, 호화로운 연회, 번쩍이는 마차 등을 부정적으로 인식했습니다. 당시 재산이 있는 한가한 귀부인들은 부를 과시하며 애완동물인 원숭이와 공작새, 몰티즈 견종에게 애정을 쏟아부었습니다. 오늘에도 이런 사람들이 있지만 클레멘트는 당시의 이런 세태는 부의 과잉이 가져오는 사치스러운 일로 간주했습니다.

또 클레멘트는 칼이 잘 들기 위해서 은으로 된 장식 못이나 상아(象牙) 손잡이가 필요한 것은 아니라고 말하면서, 토기(土器) 램프도 황금 램프만큼 제 기능을 발휘한다고 언급했습니다. 또한 상아로 만든 침대라야 잠들 수 있는 것은 아니라며 염소 가죽이 화려한 침대보보다 좋다고 말했습니다. 실용성을 중시하던 그는 이런 소소한 일상에서도 검소한 삶을 지향해야 한다고 본 것입니다. 화려하고 사치스러운 삶의 추구는 세속적 욕망에서 비롯된 것뿐이라고 이해한 클레멘트는 검소하고 자족하는 삶을 가르쳤습니다.

테르툴리아누스도 육신을 지나치게 소중히 여기는 것을 경고하면서 사치를 이렇게 비판했습니다.

"우아한 팔찌를 끼고 있는 손목이 어떻게 쇠사슬을 찰 수 있겠는가? 어떻게 보석으로 장식된 목이 사형 집행자의 도끼에 찍힐 수 있겠는가? 어떻게 화려하게 장식된 다리가 억압 속에서 견디겠는가? 만일 우리가 하늘에 속한 것을 바란다면, 이 세상에 속한 장신구를 던져 버려야 한다. 적당함(Comeliness)이 그 영혼의 신성한 의복이 될 것이다. 사도들과 예언자들의 장식품으로 치장하라. 소박함에서 순백을 얻고, 겸손함에서 불그레한 혈색을 얻고, 수줍음으로 당신의 눈을 채색하고, 침묵으로 당신의 입을 꾸미고, 당신의 귀에 하나님의 말씀을 불어넣고, 당신의 목에 그리스도의 멍에를 채우라. 자신에게 정직이라는 비단과 거룩이라는 마포와 겸손이라는 자줏빛 천으로 만든 옷을 입혀라. 그러면 당신은 하나님을 당신의 연인과 배우자로 맞이하게 될 것이다."[15]

키프리아누스는 소유물로 인해 생기는 괴로움을 언급하면서 오히려 영혼의 수양을 강조했습니다. 그는 보석으로 장식된 술잔을 초조하게 마시고, 푹신한 침대에서 잠 못 이루는 밤을 보내고, 도둑에 대한 염려로 잠을 설치고, 소유한 재산에 연연하여 살아

가는 삶이 그리스도인이 추구하는 삶의 방식은 아니라고 말하면서 물질에 예속된 부자들에 대해 경고했습니다. 하나님의 영이 계신 성전인 우리의 영혼이 변색될 황금으로 장식된 집에서 떠나는 것이 더 좋은 일이라고 가르쳤습니다. 사치를 경고한 것입니다.

성(性)과 도덕

그리스도인의 삶의 방식에 대한 교회의 근본적 가르침은 정결하고 거룩한 삶이었습니다. 바울은 "이 세대를 본받지 말고 오직 마음을 새롭게 함으로 변화를 받아 하나님의 선하시고 기뻐하시고 온전하신 뜻이 무엇인지 분별하도록 하라"(롬 12:1)고 말하면서, 우리 몸을 "하나님이 기뻐하시는 거룩한 산 제사로 드리라"고 권면했습니다. 이것은 그 시대상을 반영한 권면이었습니다. 그 시대가 얼마나 비도덕적이고 비윤리적이었기에 이 세상을 본받지 말라고 했을까요?

한 시대의 도덕적 상황을 보여 주는 중요한 기준 가운데 하나는 성적 타락입니다. 기원전 4세기의 그리스 정치가이자 수사학자였던 데모스테네스(Demosthenes, BC384-322)의 말은 주후 1세기 상황에 대한 동일한 진술로 알려져 있습니다. "우리(남자들)에게는 쾌락을 제공할 정부(hetairai)가 있고, 일상적으로 보살핌(성적 행위를 뜻함)을 받을 수 있는 여종들이 있고, 적법한 자녀를 낳고 가정을 지킬 아내가 있다."[16] 적법한 아내 외에도 정부(情婦)가 있고 성적 욕망을 해소해 줄 수 있는 여종이 있다는 의미였습니다.

성적 타락은 한 시대의 도덕상을 반영합니다. 성은 인간 본성의 문제이므로 어느 사회이든 성의 문란에서 자유롭지 못했지만 신약시대 헬라-로마 사회의 문란한 성 문화는 그리스도인들이 싸워야 할 중대한 표적이었습니다. 헬라어에서 성을 칭하거나 성과 관련된 용어가 오늘의 영어권의 용어보다 훨씬 더 다양하고 세분화되어 있다는 사실만 보더라도 성적 타락이 편만한 사회적 문제였음을 알 수 있습니다.

일반적으로 헬라어에서 성적 봉사를 하는 매춘을 두 종류, 곧 헤타이라(ἑταίρα, hetaira)와 포르나이(πόρναι, pornai)로 구분했는데, 포르나이가 사창가나 길거리에서 다양한 고객들에게 성적 봉사를 담당하는 매춘을 의미한다면, 헤타이라는 소수의 특정한 남자들에게 단기 혹은 장기로 성적 봉사를 하는 여성을 의미했습니다. 전자를 매춘부라고 한다면 후자를 정부라고 할 수 있는데, 1세기 당시 헬라 사회에서 흔한 현상이었습니다. 성적 대상자를 유혹하고 간통하는 일은 제멋대로 사는 부자의 소일거리였습니다.

이런 사회에서 살던 그리스도인들에게 정결하고 거룩한 삶을 살아야 한다는 가르침은 소중한 권면이었습니다. 바울이 고린도교회 성도들을 향하여, "너희 중에 심지어 음행이 있다"라고 하면서 이는 이방인들도 해서는 안 될 일이라고 책망하고 있습니다. 그리고는 '너희 몸은 그리스도의 성전인 줄 알지 못하느냐'(고전 3:16, 6:19)라고 하면서 "음행을 피하라"(고전 6:18)고 명했습니다. 또 그리스도인들은 자기 몸을 창기의 지체로 만들 수 없고, 음행하는 자는 자기 몸에게 죄를 범하는 것이라고 지적합니다(고전 6:15-18). 이런 바울의 권면 역시 그 시대 풍조에 대한 저항이었습니다. 기독교회가 가르치는 도덕 혹은 윤리적 규범은 하나님의 말씀인 성경에 기초합니다. 말하자면 신적 기원을 지니고 있습니다. 그리스도인들은 입법자이신 하나님의 법에 충실하기 위해 성경이 가르치는 도덕 혹은 윤리적 가치를 소중히 여기고 실천합니다.

그러나 헬라-로마 사회는 그렇지 않았습니다. 그들에게 도덕이나 윤리는 한 개인이 입법하고 공동체가 수용한 개념이었습니다. 즉 인간 이성의 산물이었기에 절대 가치로 인식하지 않았습니다. 헬라-로마 사회에서도 사회 규범으로 간음을 금하고 있었습니다. 그러나 그것은 신적 기원을 지니는 규례가 아니었습니다. 간음을 단지 소유권의 침해로 이해했습니다. 나의 가축을 다른 이들이 훔치는 것을 원하지 않는 것처럼 자기들의 재산인 아내가 다른 남자와 통정하는 것을 원치 않았을 뿐이었습니다. 그 여자의 남편에게 들키지만 않는다면 그런 행동을 거부할 이유가 없었습니다. 그래서 개인은 다른 사람의 재산을 침범하지 않는 한 자신의 행동이 다른 사람에게 미칠 영향에는 아랑곳하지 않고 자기 마음 편한 대로 행동했던 것입니다.[17] 그래서 간음은 심각한 범죄로 여기지 않았습니다.

한 사회의 도덕적 기초를 제공하는 데에는 종교가 중요한 역할을 합니다. 그러나 1세기 당시 헬라-로마의 종교는 그렇지 못했습니다. 일반적으로 종교는 신의 호의를 구하고 악재를 물리치는(招福禳災) 기능을 한다고 여겨지지만, 로마의 종교는 성공에만 관심이 있었을 뿐, 죄나 악, 인간의 정행지도(正行之道)에는 무심했습니다. 신들은 자기를 숭배하는 사람들의 일상적인 행실에는 무관심했습니다. 어떤 이는 신전으로 가는 도중에 남의 물건을 훔칠 수도 있었고, 신전을 떠나면서 악을 행하거나 다른 여인을 유혹할 수도 있었습니다. 그러나 그들의 신은 이런 일들을 문제시하지 않고 용납했습니다. 그의 행실과 상관없이 제의(祭儀)를 행하면 신은 호의를 베푼다고 믿었던 것입니다. 따라서 종교가 그 사회의 윤리적 지침을 제시하지 못하고 있었습니다.

사실은 헬라-로마의 신들 자체가 부도덕했습니다. 제우스, 아폴로, 포세이돈 등 여러 신들은 젊은 여자를 유혹하거나 강간했고, 여신들은 남자들과 성관계를 가지기도 했습니다. 종교 자체에 윤리성이 없었지요. 그래서 사람들은 자신의 행실이 신들보다 더 나아야 한다고 기대하지 않았습니다. 그래서 1세기 당시 매춘이나 간음은 흔한 일상이었습니다. 마태복음 21장 31절과 누가복음 15장 30절은 이런 세태를 반영하고 있고, 고린도전서 6장에서는 이런 행위를 정죄하고 있습니다.

그리스의 도시 중 고린도는 도덕적으로 문란하고 창녀들이 많았던 도시로 알려져 있습니다. '고린도인들처럼 행한다'(to act like a person from the city-state of Corinth)는 의미의 '코린디아조마이'(κορινθιάζομαι, korinthiazomai)는 '간음하다' 혹은 '매춘하다'라는 뜻도

초기
그리스도인의
라이프스타일

있습니다. 헬라어 '포르네이아'(πορνεία, porneia)는 헬라 문화에서 매춘을 의미하지만, 유대교나 기독교 사회에서 이 용어는 매춘만이 아니라 넓은 의미의 혼외정사를 의미했습니다. 이런 사회 환경에서 사는 사람들에게 특별한 교훈이 필요했기에 바울은 고린도서에서 여자, 처녀, 과부, 혹은 성과 가정생활에 대해 세세하게 교훈한 것입니다. 이러한 사회 환경에서 그리스도인들에게 정결하고 거룩한 삶이란 바로 성적 유혹으로부터 자유로운 침실의 신성함을 의미했습니다.

바울은 데살로니가교회에도 동일하게 교훈했습니다. "음란을 버리고 각각 거룩함과 존귀함으로 자기 아내 대할 줄을 알"라고 명령하며 이것이 '성도들을 향한 하나님의 뜻'이라고 강조했습니다(살전 4:3-4). 베드로도 동일하게 교훈했습니다. "오직 너희를 부르신 거룩한 자처럼 너희도 모든 행실에 거룩한 자가 되라"(벧전 1:15). 거룩하고 존귀한 삶이란 성(性)의 올바른 사용과 깊이 관련되어 있습니다.

기독교회의 가르침은 추상적인 이론이나 단순한 논리가 아니라 신자들의 실제 삶을 위한 것입니다. 따라서 삶과 동떨어진 교의나 교리는 무의미합니다. 그래서 성경은 개인과 집단, 결혼과 가정, 사회와 교회 생활 전반에 대한 개인의 행동 규범, 삶의 방식에 대해서도 분명하게 가르치고 훈계하고 있습니다. 특히 바울서신은 기독교인들의 바른 행실에 대한 가르침과 권면으로 가득차 있습니다. 성경이 가르치는 중요한 가치가 거룩함인데, 여기서 말하는 거룩함이란 일차적으로 음행을 버리는 것입니다. 음행 (porneia)은 이방 사회에 흔한 일이었기에 바울은 하나님을 모르는 이방인과 같이 행동하지 말라고 경고하며 음욕을 거룩함과 존귀함으로 다스리라고 권면합니다(살전 4:4-5). 여기서 바울은 금욕을 요구한 것이 아니라 음행을 버리라고 말한 것입니다.

2세기의 헤르마스(Hermas)는 《목자》(Pastor Hermae)에서 간음과 성적 방종은 과음, 과도한 사치, 부, 자랑, 교만과 오만, 거짓말, 비방과 위선, 복수심과 더불어 우리 삶 가운데 가장 악한 것이라고 말하면서, 하나님의 종은 이 모든 행위에서 벗어나야 한다고 가르칩니다. 그리고 남의 아내나 남편을 탐하는 마음, 곧 정욕(情慾)은 영혼을 파멸시킨다고 지적합니다. 알렉산드리아의 클레멘트는 성(性)의 유일한 목적은 출산(Proles)이라고 말하면서 무절제한 쾌락의 추구를 경계했는데, 이 점에서는 아우구스티누스의 견해와 일치합니다. 대체로 초기 교부들의 성과 성생활에 대한 견해는 금욕주의적인 경향을 띠었고, 결혼의 신성함을 보호하고자 했습니다.

◊ 여행

초기 기독교 세계에서 그리스도인들은 어떻게 여행하며 이동했을까요? 오늘날처럼 도로나 교통, 통신, 이동 수단이 발달하기 이전에 먼 거리 이동이 가능했을까요? 로마제국은 서방의 로마, 동방의 비잔틴을 비롯한 당시의 대도시들과, 대도시와 소도시를 연결하는 중소 도시로 구성된 광대한 지역이었습니다. 100년 어간 로마제국은 가장 광대한 영토를 지녔는데, 세로 폭이 안토니누스 방벽[18]과 다키아(Dacia)[19]의 북쪽 끝에서부터 아틀라스산과 북회귀선에 이르기까지 2,000마일(3,220km)이 넘었고, 가로 폭은 대서양에서 유프라테스강[20]에 이르기까지 3,000마일(4,830km)이 넘었습니다. 이들 지역 간의 이동이나 교류는 어떻게 이루어졌을까요? 그리고 사람들은 어떻게 이동하고 여행했을까요? 많은 이들은 1세기 당시 로마제국에서 여행이나 이동은 상당히 제한적이었으리라 보고 있으나 사실은 그렇지 않았습니다. 여러 자료를 검토해 볼 때 그 시대에는 오늘 우리가 생각하는 그 이상으로 여행과 이동이 잦았습니다.

독일의 마르틴 헹엘은, "초기 기독교의 전 시기를 통해 기독교가 선도적인 역할을 한 것은 첫 120년간 지중해 세계에서 불가항력적인 확산의 결과였다"고 말하며, 초기 기독교가 빠르게 퍼져나가며 주도적인 역할을 하게 된 것은, 약 120년 동안 지중해 세계 전역으로 강하게 확산된 결과라고 주장합니다. 이러한 확산은 당시의 사람들에게 광범위한 여행과 장거리 이동이 가능했기 때문이었습니다. 바울의 전도여행이 보여 주듯이 그의 선교 사역은 안디옥을 출발하여 에베소, 드로아, 빌립보, 데살로니가, 아덴, 고린도, 로마 등 대도시 중심으로 전개되었습니다. 그래서 웨인 믹스(Wayne Meeks)는 초기 기독교가 도시 중심 운동으로 전개되었다고 지적했습니다. 이렇게 도시와 도시로 이동이 가능했던 요인은 그 시대의 도로였습니다.

그렇다면 로마제국의 도로 사정은 어떠했을까요? 3세기 말의 디오클레티아누스 황제 당시의 로마제국의 국영도로(간선도로)는 총 372개였고, 길이를 합치면 85,000km에 달한다고 합니다.[21] 《로마의 도로 이야기》를 쓴 후지하라(藤原武)에 의하면 로마제국의 간선도로의 총 길이는 85,000km이지만 지선도로(支線道路)까지 합치면 290,000km에 달한다고 합니다.[22] 오늘날의 도로 건설 기술이나 경제력과는 비할 수 없겠지만 로마제국의 도로망에 놀라지 않을 수 없습니다. 이를 미국의 간선도로를 모두 연장한 길이와 비교해 보면 로마제국 당시의 도로 사정을 헤아릴 수 있을 것입니다. 1990년 기준 미국의 총 도로망은 88,000km에 달한다고 합니다. 로마제국이 가장 넓은 국토를 지니고 있을 당시의 총면적은 약 7,200,000km^{2}였는데, 지금의 미국은 9,360,000km^{2}에 달합니다. 다시 말하면 로마제국의 영토는 미국의 9분지 7에 불과하지만 총 공도(公道)를 연장한 길이는 1990년 당시 미국과 거의 비슷하다는 사실입니다.

로마제국 당시 인구는 5-6천만 명에 불과했으나, 미국 인구는 3억 명 정도인 점, 그리고 3세기 당시 로마제국의 도로를 연장한 총 길이가 20세기의 미국과 거의 동일했다는 점은 로마제국의 도로가 얼마나 광대하게 정비되어 있었는지를 알 수 있습니다. 이 도로는 오랜 기간을 거쳐 건설되었을 것입니다. 1세기 당시에도 상당한 정도로 도로망이 건설되어 있었습니다. 그래서 2세기 이레나이우스는, "로마인들은 세계 평화를 이룩했고, 우리는 도로를 따라 바다를 건너 우리가 가고 싶은 곳은 어디나 두려움 없이 갈 수 있다"라고 말했습니다. 이 도로 사정 덕분에 17세기 프랑스 시인 라 퐁텐(Jean de La Fontaine)은 "모든 길은 로마로 통한다"(Omnes Viae Romam Ducunt)라고 말했을 것입니다.

물론 도로는 일차적으로 군사용으로 만들어졌지만 제국의 대동맥으로서 지중해 세계를 하나로 묶어 주는 교통로가 되었습니다. 바로 이 도로가 교통과 통신, 여행과 이동을 가능하게 했습니다. 따라서 1세기 당시에도 여행이나 이동이 오늘 우리가 생각하는 것 그 이상으로 원활했음을 알 수 있습니다. 전도자들도 이런 도로망을 이용했고, 기독교는 이 교통망을 통해 제국 전역으로 전파된 것입니다.

그렇다면 로마시의 도로 사정은 어떠했을까요? 프랑스의 저명한 로마 사학자 제롬 카르코피노(Jerome Carcopino, 1881-1970)의 연구에 의하면, 티투스(Titus, 재위 79-81) 황제 시절 로마의 길과 도로는 85km 정도라고 합니다. 로마의 도로 교통 사정을 부정적으로 인식하고 있었기에 어떤 도로를 말하는지는 분명하지 않으나 비아(via)라고 불리는 도로를 뜻하는 것으로 보입니다. 로마의 도로 가운데는 보행자들이 걸어 다닐 수 있는 길 이티네라(itinera), 가축이 끄는 짐수레나 가축 짐차들이 다닐 수 있는 보다 넓은 악투스(actus), 단순한 골목길 앙기포르투스(angiportus), 오솔길이라 할 수 있는 세미타(semita) 등이 있었고, 두 대의 짐수레가 다닐 수 있는 보다 넓은 도로를 비아(via)라고 불렀습니다. '비아'라고 불릴 수 있는 도로로는 비아 사크라(via Sacra)와 비아 노바(via Nova)가 있었습니다.

성벽문들과 로마시 14개 지역 경계선 사이에 이런 이름을 붙일 수 있는 다른 도로가 스무 개 남짓 있었다고 합니다.[23] 로마시에서 다른 이탈리아 도시로 연결되는 도로로는 아피아 가도(街道, via Appia Antica), 라티나 가도, 오스티아 가도, 라비카나 가도 등이 있었습니다. 이 길들은 너비가 보통 4.8m에서 6.5m 사이였다고 합니다. 이 정도면 카르코피노의 견해와는 달리 도로 사정이 아주 좋은 것으로 보이는데, 이런 도로가 있었기에 여행과 이동이 용이했을 것입니다.

사도행전을 보면 바울은 로마제국의 주요 도시를 방문하고 그곳에 교회를 설립하였습니다. 그의 동역자들 또한 여러 지역을 자유롭게 이동하였음을 알 수 있습니다. 예컨대, 브리스길라와 아굴라는 여러 차례에 걸쳐 본도에서 로마로, 고린도, 에베소로 이동했고(행 18:1-3, 18 이하), 루디아는 두아디라와 빌립보 지역(행 16:14)을 순회했습니다.

1세기 당시 바울만큼 먼 거리를 여행하고 이동한 사람은 없었을 것입니다. 로널드 혹(Ronald Hock)은 사도행전에 근거하여 바울이 일생 동안 여행했던 거리를 산출하였는데 약 1만 마일에 해당한다고 보았습니다.[24] 이는 16,100km에 해당하는 거리입니다. 그런가 하면 호주의 메멋 타스리알란(Mehmet Taslialan)의 연구에 의하면 바울이 이동했던 거리는 약 20,000km에 달한다고 말합니다.[25] 지구 둘레의 절반 거리에 해당하지요.

바울의 동역자들 가운데는 특별히 선교를 위해 여행하기도 했으나, 다른 사적인 목적으로 여행하는 이들도 없지 않았습니다. 웨인 믹스는 바울 당시의 사람들은 그 이전 시대의 어떤 나라의 사람들이나, 19세기 이전 시대의 어떤 사람들보다 용이하게 여행할 수 있었다고 지적합니다. 이런 이동을 가능하게 해 주었던 것이 로마제국의 도로망이었습니다. 제국의 가장 중요한 두 개의 고속도로 등 공공도로(common route, koinē hodos)는 당시의 편리한 도로 사정을 대변해 줍니다. 비록 그것이 군사적, 경제적 이유에서 건설되었다 할지라도 여행과 이동의 수단이 되었고, 대도시 중심의 기독교 운동이 중소 도시로 확장되어 갈 수 있는 외적 요인으로 작용한 것입니다.

신약시대의 빈번한 여행과 이동성을 보여 주는 대표적인 본문이 로마서 16장인데, 이 본문에는 로마교회 성도 26명의 이름이 나옵니다. 바울은 로마를 방문한 적이 없지만 이 교회 성도들 26명을 이미 알고 있었습니다. 이름을 거명하지 않는 두 사람, 곧 루포의 어머니(롬 16:13), 네레오의 자매(롬 16:15)도 알고 있었으므로 사실상 바울은 로마교회 성도들 가운데 28명 이상을 사적으로 알고 있었습니다. 어떻게 이들을 알게 되었을까요? 이들은 동방 지역에 살다가 서방, 곧 로마로 이주한 이들이었기 때문입니다.

26명 가운데 4분의 3 정도가 서방으로 이주한 이들인데, 에배네도(롬 16:5), 안드로니고와 유니아(롬 16:7), 아굴라(롬 16:3), 암블리아(롬 16:8), 스다구(롬 16:9), 아벨레(롬 16:10), 헤로디온(롬 16:11), 버시(롬 16:12), 블레곤, 바드로바, 허마, 아순그리도(롬 16:14), 빌롤로고, 올름바(롬 16:15) 등이었습니다.

앞에서 지적하였듯이, 바울이 알고 있는 로마교회 성도 26명 가운데, 4분의 3 정도가 동방에서 서방으로 이주했다는 사실은 그만큼 여행과 이동이 자유로웠고 그것이 그 시대 일상이었음을 보여 줍니다. 동방에서 서방으로 이주한 대표적인 인물이 '칭찬받는'이란 의미를 지닌 에배네도였습니다. 그러했기에 바울은 그를 "아시아에서 그리스도께 처음 익은 열매"(롬 16:5)라고 칭하고 있습니다. 처음 익은 열매란 첫 개종자라는 뜻인데, NIV에서는 '아시아에서 첫 개종자'(the first convert to Christ in the province of Asia)라고 번역했습니다. KJV에서는 아시아가 아니라 아가야(Ackaia)로 번역하고 있지만 아가야 또한 아시아이니 문제될 것이 없습니다.

바울이 고린도에서 쓴 로마서를 로마까지 전달한 이가 뵈뵈라는 여성이었는데, 로마까지 직선거리는 1,400km였습니다. 당시 육로와 해로 모두 이용이 가능했지만, 선박을 이용한 해로 여행이 육로보다 저렴하고 여행 시간도 짧았기 때문에 뵈뵈는 해로로 여행했을 것으로 보입니다. 뵈뵈가 혼자 로마까지 갔을 수도 있지만 이 먼 거리를 이동한 것을 보면 남편 혹은 다른 이와 동행했을 가능성이 높습니다. 어쩌하든 한 여성이 이 먼 거리를 이동했다는 점은 당시의 여행이 일부 특수한 계층의 특권이 아니었음을 보여 줍니다. 이런 사례 외에도 디모데는 데살로니가로(살전 3:2-6), 디모데와 디도, 그리고 두 사람의 이름을 알 수 없는 형제들은 고린도로(고전 4:17, 16:10, 고후 2:13, 7:6-16, 8:6, 16-24) 여행했습니다.

1세기 당시에도 국가 우편제도가 있었는데, 탁송한 우편물을 여러 사람들이 일정 거리를 전달하는 방식이었습니다. 이럴 경우 하루 25-30km(15-20마일)를 이동할 수 있었고, 말이나 노새로 전달할 경우 하루 이동 거리는 40-50km(25-30마일) 정도로 추산되고 있습니다. 이런 제도 또한 로마제국 전역을 연결하는 도로망이 있었기 때문에 가능했고, 도로는 군사적 목적 외에도 관청이나 공공 기관의 행정 처리 혹은 사적 필요를 충족시킬 수 있었습니다. 특히 기독교 전도자들의 이동을 용이하게 해 주었습니다.

그래서 아브라함 말허비는, 초기 기독교의 신속한 확산은 몇 가지 외적 요인의 영향을 받았다고 지적했는데, 헬라 언어와 문화의 급속한 확산, 로마의 도로 건설과 정치 행정 체제, 로마군이 가져온 사회적 안정이 사람들의 자유로운 여행을 가능하게 했기 때문이라고 설명합니다.[26] 로마의 시인 호레이스(Horace, BC65-8) 같은 작가는 1세기 당시 여행이 대중적이지 않았다고 인식한 것으로 보이지만 사실은 그렇지 않았습니다.

윌리엄 람제이(William Ramsay)는 "신약시대의 도로와 여행"("Roads and Travel in the NT," *Hastings Dictionary of the Bible*)이라는 글에

서 "사람들이 사업을 위해서든 즐거움을 위해서든 로마제국 내에서 아무렇지도 않고 자신 있게, 그리고 무엇보다 확실하게 여행을 계획하고 수행할 수 있었다는 것은 분명한 사실"이라고 주장했습니다. 브루기아(Phrygia)의 한 상인의 묘비문에는 마음만 먹으면 어디든 여행이 가능했다는 점이 나타나는데, 그가 살아 있는 동안 로마를 72회나 여행했다고 기록되어 있었습니다.[27] 브루기아는 소아시아 내륙 지방인데 여기서 로마까지는 1,500km 이상의 거리였습니다. 이런 먼 거리를 교역을 위해 수시로 여행할 수 있었다는 것은 당시의 자유로운 이동성(mobility)을 엿보는 중요한 정보가 됩니다. 여행은 모든 이들에게 가능했고, 특히 상인들이나 장인들에게는 흔한 일상이었음을 알 수 있습니다.

로마제국의 도로와 자유로운 여행은 기독교 복음의 확산에도 영향을 끼쳤습니다. 위대한 교회사가인 아돌프 하르나크는 그의 《첫 3세기 기독교의 선교와 확산》 제1권 2장에서 "기독교의 세계적인 확산에 영향을 끼친 외적 조건들"을 언급하면서 유대교의 확산 외에도 다른 9가지 중요한 이유를 들고 있습니다. 즉 동방과 서방의 헬라화, 로마제국과 정치적인 통합에 이어 세 번째로 제국 전역을 잇는 교통망이 있었음을 말하고 있습니다. 즉 도로가 증설되고 안전이 보장되어 여행이 가능해졌기에 여러 민족이 하나로 묶이게 되었고, 이념이나 사상의 교류가 일어날 수 있었다는 것입니다. 또 사적 만남이 가능해져 제국의 도시 어디서나 상인들이나 군인들과 접촉이 이루어지는 등 기독교 확산에 영향을 주었습니다. 바울은 이 교통망을 따라 자유롭게 이동하여 대도시를 중심으로 복음화를 이룰 수 있었고, 그 영향으로 기독교 복음은 중소 도시로 전파되었습니다.

신약성경에 기록된 교회들은 로마제국의 주요 통상로에 세워진 교회들이었습니다. 그래서 롤란드 알란(Roland Allen)은 이런 도시들이 하르나크의 견해를 따라 로마제국의 중요한 교통로에 위치하고 있었다고 말하면서, 바울이 교회를 설립한 도시는 "로마 행정의 중심지였고, 헬레니즘 문명의 중심지이자, 유대적 영향의 중심지였고, 상업의 중심지였다"라고 지적했습니다.[28] 말하자면 자유로운 여행이 기독교 확산에 영향을 준 것입니다. 1세기 말에서야 기독교는 시골 마을까지 전파되었습니다. 그래서 웨인 믹스는 초기 기독교는 도시 중심 운동이었다고 말하며, 이들을 '도시 그리스도인'(urban Christians)이라고 불렀습니다.

기독교인이나 유대교도가 아닌 이교도를 뜻하는 페이건(pagan)이란 단어는 라틴어 파가누스(paganus)에서 유래했는데 이 말은 '시골의'(rustic) 혹은 '농촌 사람'(villager)이란 의미였습니다.[29] 기독교가 도시를 중심으로 전파되었기에 시골이나 농촌 사람은 기독교를 접하지 못했으므로 이들이 이교도로 불리게 되었음을 알 수 있습니다.

앞에서 바울이 대도시를 중심으로 여행하면서 복음을 전했고 그 결과 중소 도시로 복음이 전파되었다는 점을 살펴보았습니다. 아브라함 말허비에 의하면, 고린도서에는 고린도교회 교인이나 그들과 관련된 집단의 17명이 언급되어 있는데, 이 중 9명은 여행 중 도상(途上)에서 만난 이들이라고 합니다. 이들의 여행은 주로 상업적인 목적 때문이었는데, 이들은 비교적 사회적 지위가 높았고 따라서 교회 내에서도 영향력 있었다고 합니다.[30] 그리스보, 가이오, 스데바나, 혹은 에라스도 같은 자들이었지요(고전 1:14, 16).

그리스보는 회당장이었고(행 18:8, 고전 1:14), 가이오는 다른 성도들을 환대했던(롬 16:23) 인물이자 큰 저택을 소유했던 부자였습니다. 스데바나 또한 재력가였던 것으로 보입니다(고전 1:16, 16:15). 에라스도는 고린도시의 재무관(롬 16:23)이었습니다. 재무관(ὁ οἰκόνομος τῆς πολεῶς)이 어떤 신분인지에 대해서는 논란이 있지만 게르트 타이센(Gerd Theissen)은 로마 시민으로 상당한 재력가였다고 추정합니다. 이들은 여행 중이나 이동하다가 바울을 알게 되었다고 말합니다. 그도 그럴 것이 바울이나 그 동역자들은 일정한 주거지에 장기간 체류하지 않고 이동했기에 도상에서 이들을 만나게 되었을 것입니다. 바울뿐만 아니라 아굴라와 브리스길라는 본도와 로마, 고린도, 에베소를 거쳐 다시 로마로 이동하며 거주했고, 다른 전도자들도 어느 한곳에 정주하지 않았습니다. 이런 이동성이 복음의 확산을 이끈 것입니다.

정리하면, 헬라 언어와 문화의 급속한 전파, 로마의 도로, 정치 행정 체제, 로마 군대가 이룬 사회적 안정이 여행 곧 안전한 이동을 가능하게 했고, 결국 기독교 확산에 기여한 것입니다. 이런 빈번한 여행으로 손 대접 혹은 환대의 필요성이 대두되었고, 그래서 초기 기독교는 손 대접하기를 힘쓰라고 가르친 것입니다(롬 12:9-13, 히 13:1, 벧전 4:8-10).

◊ 손 대접

손 대접(hospitality)은 기독교 전통에서 강조되어 왔습니다. 구약의 경우는 접어 두고 신약성경만 보더라도 손 대접에 대한 가르침이 적지 않습니다. 바울은 구원받은 성도의 삶에 대해 가르치면서 "성도들의 쓸 것을 공급하며 손 대접하기를 힘쓰라"(롬 12:13)라고 권면했고, 감독과 직분자의 자격 요건에도 손 대접 실천이 포함되어 있었습니다. "감독은 책망할 것이 없으며 한 아내의 남편이 되며 절제하며 근심하며 단정하며"라고 나열한 다음, "나그네를 대접하며"라고 언급하고 있습니다. 병행 구절인 디도서 1장 8절에서도 감독은 "나그네를 대접하며 선행을 좋아하며"라고 말하고 있습니다. 그런가 하면 히브리서 13장 2절에서는 "손님 대접하기를 잊지 말라"고 당부하면서 이런 손 대접으로 인해 '알지 못하는 가운데 천사들을 대접한 이들도 있었다'라고 부연하고 있습니다. 따지고 보면 이런 손 대접이나 섬김과 배려는 예수님의 가르침(마 10:41-42, 눅 14:13-4)에 기초하고 있습니다.

로마서 12장 13절을 개역개정판에서는 "성도들의 쓸 것을 '공급하며'"라고 번역했지만 "궁핍에 처한 성도들과 '나누라'"(Share with God's people who are in need. ταῖς χρείαις τῶν ἁγίων κοινωνοῦντες)는 의미

이고, "손 대접하기를 '힘쓰라'"고 번역했지만 헬라어 성경은 힘쓰라는 권면이 아니라 "손 대접을 '실천하라'"(Practice hospitality. τὴν φιλοξενίαν διώκοντες)고 강하게 명하고 있습니다.

'손 대접'(φιλοξενία)이란 말은 '이국인' 혹은 '나그네'를 의미하는 '크세노스'(ξενός)와 '사랑하다'라는 의미의 '필레오'(φιλέω)라는 단어의 합성어인데, '나그네 사랑'이란 의미를 담고 있습니다. 요즘처럼 호텔이나 여관 혹은 숙박 시설이 없던 시기에 이국인이나 여행자 혹은 나그네를 맞아들이고 숙식을 제공하고 사랑을 베푸는 일은 이웃 사랑을 실천하는 일이었습니다. 그러했기에 초기 기독교 공동체에서 지도자의 자격 요건으로 손 대접을 강조하는 것입니다.

그렇다면 초기 교회 성도들은 이런 사랑을 실천했을까요? 초기 기독교는 출신 성분이 서로 다른 사람들에게 자신의 집을 개방하고 함께 식사하고 예배드림으로써 사회적 차별을 극복했습니다. 이것이야말로 기독교 신앙이 진리임을 증언하는 것이라고 보았습니다.[31]

실제로 초기 교회 성도들은 손 대접을 중요한 가치로 여겨 나그네를 맞아들이고 선대했습니다. 전도자 바울도 이동할 때마다 성도들의 가정집을 이용했고, 각처의 성도들은 기꺼이 바울을 맞았습니다. 숙식은 육신의 필요를 채워 주는 것이지만 그들을 맞아들인다는 행위는 그들을 동일한 인간으로 인정하는 의미였습니다. 손 대접은 식탁을 함께하는 것을 의미했는데, 역사적으로 식탁 교제는 다른 이를 평등한 가치와 존엄성을 가진, 보호받아야 할 인간으로 인정하는 방식이었습니다. 요한계시록에서도 (계 3:20) 주님을 영접한 자가 누릴 큰 기쁨을 그리스도와의 식탁 교제로 말하고 있다는 점은 의미 있는 사례입니다.

초기 그리스도인들의 일상에서 손 대접은 보호받을 수 없는 이들에 대한 특별한 배려이기도 했습니다. 그러했기에 16세기 칼빈은 제네바로 몰려오는 종교적 난민들을 맞아들이고 그들이 생활할 수 있도록 구빈원(救貧院)을 설치하고 구호 활동을 전개한 것입니다. 이를 '신성한 형태'의 손 대접이라고 보았고, 그것보다 더 "하나님을 기쁘시게 하거나 하나님이 더 받으실 만한 의무는 없다"라고 말했습니다.[32]

초기 그리스도인들이 실천했던 손 대접 전통은 그리스도인의 삶의 방식을 보여 주는 렌즈라고 할 수 있고, 그것은 모든 인간은 하나님의 형상으로 지음 받은 동일한 존재라는 가르침의 실천이었습니다. 초기 교회와 그리스도인들은 손 대접을 기본적인 도덕적 관행으로 여겼습니다. 그것은 취약한 나그네를 보호하는 일이라고 보았습니다. 이것이 기독교 전통의 손 대접이었습니다. 그리스도인들은 손 대접을 통해 얻을 어떤 이익이니 유익을 계산하는 그리스적 사고방식과는 달리 보답할 만한 가능성이 가장 적은 연약한 사람들에게 호의를 베풀었습니다.

당시 손 대접의 전통은 기독교뿐만 아니라 불신 사회에도 존재했습니다. 그러나 그것은 이해관계에 얽힌 대접이거나 은밀한 욕심에 기초한 것이었습니다. 즉, 타국인이나 가난한 나그네가 아니라 동일한 계층의 부유한 인사들을 맞아들임으로써 후일 어떤 형식이든 보상을 얻으려는 계산된 의도가 있었던 것입니다. 키케로는 "저명한 사람들의 집은 저명한 사람들에게 열려 있어야 한다"라고 말했는데, 그리스도인들의 손 대접은 이와 달랐고 또 달라야 했습니다.

기독교 변증가 락탄티우스(Lactantius, 250-325)는 가족이나 친구를 대접하는 것은 당연한 일이지만 아무도 보답할 수 없는 나그네를 대접하는 것은 "우리의 참되고 의로운 일"이자 하나님과 연관된 일이라고 보았습니다.[33] 이런 정신은 사실상 예수님이 가르쳐 주신 모범이지요.

누가복음 14장 12절 이하에서, 예수님은 "네가 점심이나 저녁이나 베풀거든 벗이나 형제나 친척이나 부한 이웃을 청하지 말라. 두렵건대 그 사람들이 너를 도로 청하여 네게 갚음이 될까 하노라. 잔치를 베풀거든 차라리 가난한 자들과 몸 불편한 자들과 저는 자들과 맹인들을 청하라. 그리하면 그들이 갚을 것이 없으므로 네게 복이 되리니 이는 의인들의 부활 시에 네가 갚음을 받겠음이라"라고 하셨습니다.

또 "내가 나그네 되었을 때에 영접하였고"(마 25:35)라는 말씀은 기독교회의 손 대접 전통에서 항상 중시되어 왔던 본문이었습니다. 이런 가르침과 더불어 크리스틴 폴은 초기 기독교회는 아래의 세 가지 현실 때문에 손 대접을 중요한 덕목으로 여기게 되었다고 설명합니다.

첫째, 초기 교회는 함께 식사를 나누면서 이방인들을 교회 공동체에 편입시켜야 하는 현실적인 요구가 있었습니다. 초기 기독교회는 음식을 대접하면서 부한 자와 가난한 자의 긴장을 해소하고 경계선을 허물었고, 이를 통해 평등, 변화된 관계, 공동생활에 대한 메시지를 전했습니다.

둘째, 복음은 이곳저곳으로 이동하는 전도자들을 통해 전파되었는데, 이는 다른 이들의 대접이 있었기에 가능했습니다. 즉, 전도자들을 대접하는 것과 복음의 전수는 밀접하게 관련되어 있었습니다. 초기 그리스도인들은 순회 전도자들, 신앙 때문에 자기가 속한 공동체에서 추방된 자들, 인근의 가난한 이들을 대접함으로써 이들의 필요를 채워 줄 수 있었습니다.

셋째, 초기 그리스도인들은 신자의 가정집에서 정기적인 예배를 드렸습니다. 따라서 손 대접은 다른 성도들을 섬기는 자연스러운 요구이자 필요였습니다. 이것이 신자들 간의 가족적 유대를 형성하는 데 도움을 주었고, 공동체 의식을 강화시켜 주었습니다.

또 4세기의 히에로니무스는 성직자들에게, "가난한 사람과 나그네들이 당신의 검소한 식탁과 친해지도록 하라. 그리하면 그들과 함께 그리스도께서 당신의 손님이 될 것이다"라고 도전했습니다.[34] 그리스도인들은 위세 높은 이를 대접함으로써 이익을 얻는 대신 대접해도 아무것도 돌려받을 수 없는 이들을 영접했습니다. 크리소스토모스는 다른 교회 지도자들과 더불어 가정과 교회 중심으로 이루어지던 손 대접의 한계를 인식하고 순례자들과 가난한 자들을 돌보기 위한 기구와 시설을 만들었습니다.[35] 락탄티우스나 히에로니무스를 비롯한 초대교회 지도자들은 가난한 나그네를 맞아들이고 대접하는 것은 사회적 지위의 벽을 뛰어넘어 존중과 인정을 가져오는 배경이 된다고 여겼습니다.

이를 분명하게 가르친 인물이 크리소스토모스였습니다. 손 대접을 감동적이고도 지속적으로 가르치며 자발적 가난을 강조한 그는 '가난한 자들의 변호자'라고 불리기도 했습니다. 그는 가난한 이국인과 타국인, 나그네와 행인들에게 깊은 관심을 가지고 이들을 선대하고 손님처럼 대접하라고 가르쳤습니다. 물론 그리스도인들도 신분이 높은 사람을 대접함으로써 세상의 유익을 얻을 수 있음을 인정했으나 그런 관행을 비판했습니다.

"그대가 위대하고 저명한 어떤 사람을 대접한다면 그대가 하는 일은 순수한 의미의 자비가 아니다. 헛된 영광을 얻거나 은택을 되돌려받거나 그런 손님을 모셨다는 것 때문에 많은 사람들에게 좋은 평판을 얻음으로써 당신 자신이 그보다 몇 배 많은 이익을 챙기는 것이다."[36]

콘스탄티누스의 아들 크리스푸스(Crispus, 317-326)의 가정교사이기도 했던 락탄티우스는 기독교 전통의 손 대접을 그 시대의 손 대접 관행과 대조하였습니다. 손 대접은 '주된 미덕'이지만 손 대접을 자신의 이익과 결부시키는 키케로 같은 철학자들을 비판했던 것입니다. 락탄티우스는 어울릴 만한 사람들에게만 관대함을 베풀어야 한다는 주장을 거부하면서, 공의로운 사람의 집은 저명한 사람이 아니라 비천하고 보잘것없는 신분의 사람들에게도 열려 있어야 한다고 주장했습니다.[37]

초대교회의 일상이었던 손 대접 전통은 6세기 베네딕트수도원을 통해 계승되었고, 지난 1,500여 년 동안 베네딕트의 생활 지침으로 강조되어 왔습니다. 베네딕트의 수도 규칙 제53장은 "손님들을 받아들임에 대하여"(De hospitibus suscipiendis)인데, 24개 절로 구성되어 있습니다. 그 서두를 소개합니다.

> "찾아오는 모든 손님을 그리스도처럼 맞아들일 것이다. 왜냐하면 그분께서는 (장차) '내가 나그네 되었을 때 너희는 나를 맞아 주었다' 라고 말씀하실 것이기 때문이다. 그리고 모든 이들에게 합당한 공경을 드러낼 것이며 특히 신앙의 가족들과 순례자들에게 그러할 것이다."[38]

초기 그리스도인들은 나그네를 대접하며 일상의 삶에서 그리스도의 임재를 발견하며 살았으나, 세월이 지나면서 초기 기독교회의 손 대접 전통은 서서히 퇴조하게 됩니다. 나그네에 대한 배려, 이웃에 대한 사랑이 식으면서 나타난 현상이었습니다. 이와 동시에 사회 분위기도 바뀌었습니다. 여행자들을 위한 간편한 숙소가 생겨나고 그 숙소에서 자유롭게 숙식을 해결할 수 있게 되자 손 대접의 효과는 줄어들게 되었고, 숙박 시설은 점차 상업화되기 시작합니다. 궁핍한 이들을 대접하는 일은 자선 기관이나 국가 기관에서 제공하는 사회복지 사업으로 관료화되었습니다.

4세기 중반 이후 궁핍한 자를 돌보는 일은 공공복지로 여겨졌고, 보호받을 수 없는 가난한 자들을 위한 병원(Xenodochia)이 세워졌습니다. 370년 무렵 카이사레아 감독 바실리우스가 설립한 곳이 주목받은 최초의 병원이었지요. 이러한 사회적 변화는 그리스도인 개개인의 손 대접의 효과를 약화시켰습니다. 중세기에는 호화로운 손 대접이 교회, 수도원, 기독교 기관의 권세와 영향력을 시위하거나 확장하는 수단이 되었고, 진정한 의미의 손 대접 전통은 잊혀져 갔습니다. 초기 교회 지도자들이 보상이나 유익을 기대하지 말고 검소하게 손 대접하라고 권고했던 이유가 바로 여기에 있었던 것입니다.

◊ 그 시대의 사회와 문화를
◊ 뒤엎는 사람들

주후 30년경 예루살렘에 교회가 설립된 이후 교회의 지리적 확산
과 수적 성장, 초기 교회의 예배와 전도, 그리고 초기 그리스도인
들의 삶의 방식을 그 시대의 일상에 비추어 살펴보았습니다.

기독교회는 예수님의 가르침에 기초하여 십자가와 부활을 믿
는 신앙의 토대에서 출발하였고, 처음에는 유대교의 박해를 받았
으나 64년 이후에는 로마제국의 정치적 박해를 받았습니다. 그럼
에도 불구하고 기독교 복음은 예루살렘에서 안디옥으로 전파되
었고, 안디옥을 거점으로 에베소, 빌립보, 아덴, 고린도를 거쳐 로
마로 전파되었습니다.

그 결과 기독교가 공인을 받던 4세기 초(313년) 기독교는 로마
제국 전 지역으로 확산되었고 기독교 인구는 10-15%에 달했습
니다. 불온한 종교로 간주되어 정치적 탄압, 사회적 오해, 이교 철
학자들의 비판과 공격을 받던 기독교는 급성장하여 인종적, 사
회적, 문화적 한계를 넘어 제국의 종교로 자리잡게 된 것입니다.
이런 기독교의 확산 과정은 예루살렘에서 시작하여 소아시아
와 유럽으로 전파되는 서진(西進)의 과정, 혹은 서진 운동(westward

movement)이었습니다.

초기 그리스도인들은 어디서 모였고, 어떻게 예배드렸는지 살펴보았습니다. 신앙의 자유를 누리지 못했던 초기 그리스도인들은 가정집에서 회집하는 가정교회로 출발하였습니다. 그러다가 150-250년 어간에는 가정집을 개조한 집회소, 곧 확대된 가정교회(aula ecclesiae)로 발전하였고, 250년 이후에는 기존의 건물이나 회집 공간을 집회소로 개조하여 사용했습니다. 그러다가 313년 기독교의 공인 이후에는 바실리카라는 건축 양식의 교회당이 세워졌습니다.

기독교가 당시의 모든 종교와 다른 점은 신상이나 신전이 없었다는 점입니다. 그러나 책이 있었고 가르침과 권면이 있었습니다. 그래서 당시 사람들은 기독교를 철학 학파로 간주했을 정도였습니다. 이런 점에서 호주의 고대사학자 에드윈 저지(Edwin Judge)는 초기 기독교회를 '학문 공동체'(Scholastic community)라고 불렀습니다.

기독교회의 구별된 예배당이 처음 발견된 장소는 256년 두라-유로포스였습니다. 따라서 예루살렘에 지역 교회가 설립된 이후 적어도 230여간은 독립 건물로서의 교회당이 없었습니다. 그래서 가정집이 주된 예배처가 된 것입니다. 그러다가 4세기 이후 종교적 목적을 위한 별도의 건물을 소유하게 되었다는 점을 살펴보았습니다.

초기 기독교회의 예배는 격식에 매이지 않고 단순하게 진행되는 정기적인 집회였습니다. 이는 당시의 종교적 관행에서 볼 때 독특한 현상이었습니다. 이교(異教)의 예배는 정기적인 종교 행사가 아니라 필요가 생겼을 때 신들을 찾아가거나 특정한 날에 신전에서 제물을 바치는 종교 의식이 전부였습니다. 그러나 기독교의 예배는 시작부터 정기적인 집회로 진행했고, 그 내용은 찬양과 감사와 고백이었습니다. 이런 기독교의 정기적인 공중 예배는 로마 시대의 이교도들의 종교 의식과는 구분되는 독특한 형태였습니다.

전도(傳道) 또한 기독교의 독특한 활동이었습니다. 다른 종교에는 전도라는 것이 없었기 때문입니다. 전도자 바울이 이동한 거리는 약 20,000km에 이르는데 이는 그 시대 특별한 사건이었습니다. 그 누구도 그와 같이 광범위한 지역에서 전도하지 못했기 때문입니다. 그 결과 기독교는 제국의 도로망을 따라 대도시에서 중소 도시로 그리고 농촌으로 전파되었습니다. 그런데 기독교가 로마제국의 정치적 박해를 받게 되면서 공개적인 예배나 전도는 불가능했고, 놀랍게도 초기 교부들의 문서에서 전도에 대한 권면이나 지시를 찾을 수도 없습니다. 공개적인 전도가 현실적으로 불가능했기 때문입니다. 기독교인들이 은밀하게 회집하는 예배도 전도의 수단이 되지 못했습니다. 즉 예배는 전도의 방편이 아니었습니다.

그렇다면 어떻게 기독교가 전파되고 신자들이 증가했는지 설명한 것을 기억하나요? 이 시기 기독교는 사회관계망, 즉 관계 전도로 전파되었고, 그리스도인들의 구별된 삶을 통해 확산되었습니다. 기독교인들은 비록 이 땅에 두 발을 딛고 살았으나 천국에 소망을 두었던 심리적 이민자들이었습니다. 자신들을 역려과객으로 인식하고 이 세상과 구별된 삶을 살았습니다. 순결한 생활

초기
그리스도인의
라이프스타일

과 이웃에 대한 사랑과 배려, 형제애적 유대, 섬김과 봉사가 사람들에게 감동을 일으켰고, 기독교 복음은 소리 없이 전파된 것입니다. 영원한 생명에 대한 확신이 만들어 낸 영향력이었습니다.

초기 그리스도인들은 그 시대의 사회 문화 현실에서 어떻게 살았을까요? 그 시대의 사회 현실에 영합하며 살았을까요(conform), 아니면 그 시대의 문화 현실을 변화시키면서(transform) 새로운 방식으로 살았을까요?

그 시대 대표적인 오락은 검투 경기와 연극이었습니다. 이러한 유흥은 그 시대의 일상이자 문화였습니다. 검투 경기는 피를 흘리는 살상이었고, 연극은 끝없는 신들의 이야기와 음란한 내용으로 가득 차 있었습니다. 교부들은 이런 오락은 우상숭배와 관련되어 있고, 정욕적이고 비인간적인 살상이자 음란한 행위이기에 그리스도인들은 멀리해야 한다고 가르쳤습니다. 대표적인 인물이 테르툴리아누스였습니다. 그는 세 가지 이유에서 검투 경기나 연극의 관람을 반대했습니다. 그것들은 우상숭배에 뿌리를 두고 있고, 정욕을 추구하여 불순한 감정을 자극하고, 인간성을 해쳐 도덕적 타락을 야기한다고 보았기 때문입니다.

오랜 기간 우리 시대의 교회가 인식하지 못했지만 초기 교부들은 부와 재산, 물질의 사용에 대해서도 놀라울 정도로 빈번하게 가르쳤습니다. 부는 하나님의 축복의 한 양상이지만 그것이 우상이 될 수 있다는 성경의 가르침(잠 30:7-9, 막 10:17-22)을 따라 부의 실체와 바람직한 부의 사용에 대해 교훈했습니다. 교부들은 사유 재산을 인정하면서도, 특히 바실리우스나 나지안주스의 그레고리우스는 부의 독점, 혹은 부의 불균형을 인간이 타락한 결과로 보았습니다. 그리고 교부들은 그리스도인 개인이나 교회 공동체가 재산을 소유하는 것에 대해 반대했습니다. 바실리우스, 나지안주스의 그레고리우스, 요한 크리소스토모스, 밀란의 암브로스 등이 바로 그들입니다. 중세시대 위클리프도 그러했습니다.

또 교부들은 돈이나 물질을 적절하게 사용해야 한다고 강조했는데, 그것은 '가난한 자를 돕는 것'을 의미했습니다. 일반적으로 콘스탄티누스 이전의 교회는 재산과 부를 경시하고, 재산을 팔아 가난한 자들을 주라(막 10:21)는 명령을 문자적으로 따랐다고 볼 수 있습니다. 그러다가 4세기 콘스탄티누스 이후 나그네 공동체가 안주 공동체로 변모되면서 교부들은 부와 재산, 재물의 사용에 대해서 빈번하게 가르치기 시작한 것입니다. 특히 교회 지도자들은 고리대금업을 강하게 반대하였는데, 이는 가난한 자를 보호하기 위함이었습니다.

그렇다면 초기 기독교는 화장, 의복, 목욕, 사치, 성, 여행 등 그 시대의 일상에 대해서는 어떻게 가르쳤을까요? 그리스도인의 삶은 그 시대의 일상과 마주하고 있기 때문에 건실한 지침이 필요했습니다. 교부들은 화장이나 화려한 복장, 사치, 외모 치장 등을 인간이 자기 통제력을 시험하기 위한 수단으로 보아 세속적 욕망으로부터 자유로워질 것을 권면했습니다. 그리고 성(性)은 출산을 위한 것으로 보고 무절제한 쾌락을 경계했습니다. 이렇게 가르친 대표적인 인물이 알렉산드리아의 클레멘트와 아우구스티누스였습니다. 그들은 정욕은 영혼을 파멸시킨다고 이해했습니다. 다소 금욕주의적 경향이 있었지만 결혼의 신성함을 강조한 것입니다.

초기 기독교회의 아름다운 전통은 '손 대접'이었습니다. '손 대접'이라는 말은 '나그네 사랑'이란 의미를 담고 있는데, 요즘과 같은 숙박 시설이 없던 시기에 기독교인들이 실천했던 사랑과 배려였습니다. 이는 예수님의 가르침이자(마 10:12, 41-42, 25:40, 눅 14:13-14), 사도들의 가르침이었습니다(롬 12:13, 딛 1:8, 히 13:2, 벧전 4:9). 그러했기에 초기 기독교 공동체는 손 대접하기를 힘쓰라고 가르친 것입니다.

마지막으로 정리해 보겠습니다. 예루살렘에 교회가 설립된 이후 첫 3세기, 초기 그리스도인들은 신앙의 자유를 누리지 못하고 가정교회 형태로 유지되어 왔고, 공개적인 전도가 불가능했으나 그리스도인들의 구별된 삶을 통해 그리스도와 그의 나라, 그리고 영원한 생명을 증언했습니다. 또 이교적 사회 문화 현실에 살면서도 그 시대의 사회 현실에 영합하지 않고, 그 시대를 변화시키고자 했습니다.

초기 그리스도인들은 사회를 요란하게 하고 로마인이 받아들일 수 없는 풍속을 전한다(행 16:21)는 비난과 오해를 받았으나 그들은 그 시대의 사회와 문화를 뒤엎는 사람들(행 17:6)이었습니다. 초기 그리스도인들은 이 땅에 살면서도 이 세상에 속하지 않았던 '거주하는 나그네'였습니다. 그러했기에 복음은 로마의 공공 도로를 따라 로마제국 전역으로 전파되었고, 결국 기독교의 승리를 가져온 것입니다.

어떻습니까? 오늘의 우리처럼 세상 속에서 사람들과 어울려 살면서도 기독교적 가치를 잃지 않았던 초기 그리스도인들의 일상이 생생하게 그려지나요? 보다 순수하고, 보다 원형적인 초대교회와 초기 그리스도인들의 모습을 통해 우리 자신을 성찰하는 기회가 되었다면, 이 책은 작은 소임을 다했다고 말할 수 있을 것입니다.

1. 초대교회는 어떻게 시작되었을까

1 *Late Ancient and Medieval Population*, 1958.

2 Hans Conzelmann, *History of Primitive Christianity* (*Eeschichte des Urchristentums*) (Nashville: Abingdon Press, 1973), 63.

3 James Orr ed., *International Standard Bible Encyclopedia*, Vol. III (Chicago: Howard Severance Co., 1930), 1595.

4 Robert Grant, *Early Christianity and Society* (San Francisco: Harper and Row, 1977), 7-8.

5 Rodney Stark, *The Rise of Christianity*, 5.

6 C. H. Turner, "Chronology of the New Testament," *Dictionary of the Bible* ed., J. Hastings (NY: Scribner's, 1905), 1:421.

7 Arthur G. Patzia, *The Emergence of the* Church (Downers Grove: IVP, 2001), 79.

2. 초기 그리스도인은 어디에 모였을까

1 칼 볼츠(박일영 역), 《초대교회와 목회》(서울: 컨콜디아사, 1974), 97.

2 R. H. Bainton, *The Church of Our Fathers* (Philadelphia: The Westminster Press), 3장 참고.

3 Carolyn Osiek and David L. Balch, *Families in the New Testament World* (Louisville: Westminster John Knox Press, 1997), 33. 이 점은 리처드 크라우트하이머 (Richard Krautheimer)가 그의 책 *Early Christian and Byzantine Architecture* (NY: Penguin Books, 1979), 24-25쪽에서 가정한 교회당 건축의 첫 단계 기간과 일치한다.

4 Bradley Blue, "Acts and the House Church", *The Book of Acts in Its Graeco-Romam Setting*, eds., David W. J. Gill and Conrad Gempf (Grand Rapids: Eerdmans, 1994), 120.

5 Bradley Blue, 121.

6 R. Krautheimer, "The Beginning of Christian Architecture," *Religious Review*, 3(1939), 144-159. Blue, 124에서 재인용.

7 이 점은 광범위하게 인정되고 있는데, 특히 A. J. Malherbe, *Social Aspects of Early Christianity*, 68-69, R. M Grant(김쾌상 역), 《초기 기독교와 사회》(서울: 대한기독교출판사, 1992), 159.

8 Robert M. Grant, *Early Christianity and Society* (London: Collins, 1978), 149. 그랜트는 이런 입장의 견해를 피력하는 초기(교부) 문헌으로 Clement, *Stramata*, VII, 28-29. Minucius Felix, *Octavius*, 32.1를 소개하고 있다.

9 Wayne A. Meeks, *The First Urban Christians*, 75-76. 이 점을 보여 주는 중요한 증거가 로마 군대 백부장이었던 '고넬료의 집'이었다(행 10:2). '가속'을 의미하는 라틴어 familia는 법적 통제력을 지닌 이의 직계 가족만이 아니라 그 하속을 포함했다. Carolyn & Balch, *Families in the New Testament World* (Louisville: Westminster John Knox Press, 1997), 287.

10 그 예로 행 16:15, 31ff., 17:6, 18:1-8, 롬 16:3ff., 고전 1:14-16, 16:19, 몬 1:2 등을 들 수 있다.

11 L. M. White, *Building God's House in the Roman World: Architectural Adaptation among Pagans, Jews and Christians* (Baltimore: Johns Hopkins University Press, 1990), 154. n. 36.

12 '가정'은 바울의 목회 사역의 거점이었음을 알 수 있다. John Stambugh and David Balch, *The Social World of the First Christians* (London: SPCK, 1986), 139.

13 말허비, 《초기 그리스도교의 사회적 이해》(서울: 대한기독교서회, 1994), 146.

14 Malherbe, 70, Ernst Lohmeyer, *Die Briefe an die Kolosser und an Philemon* (Göttingen: Vandenhoeck & Ruprecht, 1956), 169ff. W. G. Kümmel, *Introduction to the New Testament* (Nashville: Abingdon Press, 1965), 238. 각주 28 참고.

15 브리스길라와 아굴라에 대한 성경 기록으로는 행 18:1-3, 18, 26, 고전 16:19, 롬 16:3 등이 있다.

16 말허비, 143-144.

17　Carolyn Osiek and David L.Balch, 35.

18　Blue, 120.

19　Carolyn Osiek and David L.Balch, 35.

20　Eusebius, VII.1.5.

21　Grant, 150.

22　Eusebius, 258, 259.

23　Eusebius, 226, 227.

24　Norman H. Baynes, *Constantine the Great and the Christian Church* (Oxford: Oxford Univ. Press, 1931), 4.

25　"The early Christian Basilica may be defined as a more or less monumental hall with two (occasionally four) longitudinal colonnades, clerestory lighting, and at the far end of the central nave, an apse. This was the norm that admitted of a great many variations of detail." J. B. Ward-Perkins, "Constantine and the Origins of the Christian Basilica," *Papers of the British School at Rome*, 22 (1954), 78. Blue, 121에서 재인용.

26　J. B. Ward-Perkins, 85. J. C. Davies, *The Origin and Development of Early Christian Church Architecture* (London: SCM, 1952) 특히 2장을 참고할 것.

27　R.Krautheimer, *Early Christians*, 37ff.

3.　초기 그리스도인은 어떻게 예배했을까

1　알랜 크라이더, 《초대 교회의 예배와 전도》(춘천: KAP, 2003), 13.

2　쿨만, 《원시기독교 예배》(서울: 대한기독교서회, 1984), 10.

3　이 점에 대해서는 신민석, 《초대 교회 향연》(용인: 킹덤북스, 2025), 28-31을 보라.

4　*Epistles of Pliny*, X, 96. 이 본문의 영문 번역본은 Paul McKechnie, *The First Christian Centuries* (Apollos, 1996), 110-112을 참고할 것. 이와 관련된 전문은 특히 J. Stevenson, *A New Eusebius* (1957), 13-16을 참고하라.

5   여기서 유스티누스가 말하는 '회고록'이란 그리스어로 Ἀπομνημονεύματα(apom-nēmoneumata)로서 복음서를 가리킨다.

6   *The First Apology*, 67.3, 김영재, 《교회와 예배》(수원: 합신대학원출판부 2008), 89.

4.   초기 그리스도인은 무엇으로 전도했을까

1   알랜 크라이더, 23,

2   Pliny, *EP* 10.96.2.

3   알랜 크라이더, 30, Origen, *Contra Celsum*, 3.5.1

4   이 책은 고대 기독교의 교회 법령집으로, 종말론적인 서문과 교회 규범, 교회의 직분, 곧 감독, 장로, 집사 등 직분자를 세우는 일과 예배, 세례와 성찬, 기도 생활에 대한 규칙들을 제시하고 있다. 이 책은 히폴리투스의 '사도전승'(Traditio Apostolica)과 밀접하게 관련되어 있어 '사도전승'을 토대로 당시 상황에 맞추어 편집된 것으로 보기도 한다. 이 책은 초기 기독교회의 기도, 세례, 전례 등에 관한 소중한 자료로 평가되고 있다.

5   Martin Goodman, *Mission and Conversion: Proselytizing in the Religious History of the Roman Empire* (Oxford: Clarendon, 1994), 105.

6   Ramsay MacMullen, *Christianizing the Roman Empire* (New Haven: Yale Univ. Press, 1984), 34.

7   이 책의 원 제목은 *Testmoniorum Libri Ad Quirinum*(퀴리누스에게 보낸 증언의 책들)인데, 친구인 퀴리누스의 요청에 따라 초기 기독교 신자들이 성경을 체계적으로 이해하고 기독교를 반대하는 이들에게 신앙을 변증하게 하기 위해 만들어진 주제별 성경 구절 모음집이라고 할 수 있다. 총 3권으로 구성되어 있다.

8   알랜 크라이더, 22.

9   Bart D. Ehrman, *The Triumph of Christianity* (NY: Simon & Schuster, 2018), 118-119.

10   Bart D. Ehrman, 125.

11 알랜 크라이더, 12.

12 이상규,《헬라 로마적 상황에서의 기독교》(서울: 한들출판사, 2013), 25-29.

13 Aristides, *Apol*. 15.9. 알랜 크라이더,《초대교회에 길을 묻다》, 53.

14 Adolf von Harnack, *The Mission and Expansion of Christianity in the First Three Centuries* (NY: Harper & Brothers, 1961), 188.

15 알랜 크라이더,《초대교회에 길을 묻다》(서울: 하늘씨앗, 2019), 20.

16 알랜 크라이더,《초대교회에 길을 묻다》, 23. 래리 허타도, 20, 198. 디오그네투스의 한역본으로는 서공석 역주,《디오그네투스에게》(서울: 분도출판사, 2007)가 있다.

5. 초기 그리스도인은 오락을 즐겼을까

1 모토무라 료지,《처음 읽는 로마사》(서울: 교유서가, 2015), 187.

2 허타도,《처음으로 기독교인이라 불렸던 사람들》, 193.

3 허타도, 191-192.

4 Richard Alderson, *The Early Christians* (London: Day One Pub, 1997), 21.

5 크리스토퍼 켈리,《로마제국》(서울: 교유서가, 2015), 147.

6 Richard Alderson, 21.

7 허타도, 192.

8 모토무라 료지, 186-187.

9 Richard Alderson, 22.

10 모토무라 료지, 187.

11 켈리,《초대 기독교인들의 세계》, 38.

12 Tertullian, *A Glimpse at Early Christian Church Life* (Scroll Pub., 1991), 7.

13 Richard Alderson, 211. 모토무라 료지,《처음 읽는 로마사》(서울: 교유서가, 2015), 187.

6. 초기 그리스도인은 부와 재산을 어떻게 사용했을까

1 김의환, 《성경적 축복관》(서울: 성광문화사, 1981), 55.

2 재물을 의미하는 헬라어 μαμωνᾶς는 그 출처가 분명하지는 않지만 J. Buxtorf에 의하면 '사람이 신뢰하는 것'(that in which one trust)을 의미하는 아람어 אמוֹן에서 온 것이라고 한다(TDNT, IV. 338). 그러나 J. Boice에 의하면 μαμωνᾶς는 원래 '위탁한다', 혹은 '어떤 사람의 감독하에 둔다'는 의미였다고 한다. 그래서 원래 이 말은 다른 사람에게 위탁된 재산을 뜻했다고 한다. 이런 점에서 이 단어는 부정적 의미의 단어가 아니었다. 이 단어를 부정적으로 쓸 때는 '불의한 맘몬' 등과 같이 한정어나 형용사를 첨가해야 했었다. 그러나 시일이 지나면서 맘몬이란 단어는 수동적 의미에서 '어떤 사람이 의지하는 것'이라는 능동적 의미로 변화되었고, 부정적인 의미로 사용되었다. J. Boice, *The Sermon on the Mount* (Michigan: Zondervan, 1972), 123. 신약성경에서 μαμωνᾶς는 오직 예수님께서만 사용하신 용어인데, 마 6:24과 눅 16:9, 11, 13에서만 사용되었다. μαμωνᾶς를 KJV, RSV, NASB에서는 Mammon으로, NIV, NEB 등에서는 Money로 번역하였다.

3 John White, *The Golden Cow* (Illinois: IVP, 1979), 49.

4 John White, 49.

5 John R. Muether, "Money and the Bible," *Christian History* (Vol. VI, No. 2), 7.

6 어떤 사본에서는 "부를 의지하는 자들에게"(ἐστι τοὺς πεποιθότας ἐπὶ τοῖς χρήμασιν)라는 말이 '하나님 나라에 들어가기가…' 앞에 첨가되어 있어 부(富)에 내포된 위험성의 일반적 성격을 더욱 분명히 밝히고 있고, 선행 구절인 23절, 곧 "재물이 있는 자는 하나님의 나라에 들어가기가 심히 어렵도다"는 말씀과 일치시키고 있다.

7 B. M. Metzger, *A Textual Commentary on the Greek New Testament* (London: United Bible Societies, 1971), 169.

8 조셉 켈리, 281.

9 신 6:5, 마 22:37, 수 14:8, 시 119:69.

10 "재산과 소유를 팔아(ἐπίπρασκον) 각 사람의 필요를 따라 나눠 주고(διεμέριζον)…"

(행 2:45). *Interpreter's Bible*, IX, 52 참고.

11 J. Taylor, *Enough is Enough* (London: SCM, 1975), 81-82.

12 고후 8:13-14절의 "균등하게 하려 함이라"고 할 때, 15절에서 보는 바처럼 상호 교환, 호혜(reciprocity)나 공정(equity)이 아니라 평균(equality)이다. R. Sider, *Rich Christians in an Age of Hunger* (London: Hodder and Stoughton, 1979), 206 참고.

13 김재수, 《디다케: 주님의 가르침》(대전: 엘도론, 2009), 96-100.

14 Aristides, *Apologia*, 15:7ff. M. 헹엘, 《초대 교회의 사회경제 사상》(서울: 대한기독교서회, 1981), 76.

15 조셉 켈리, 280.

16 니케아회의 이전 교부, 특히 2세기 교부들의 문서를 수록한 *ANF*(Ante-Nicene Fathers) 2권 589-604.

17 조셉 켈리, 282.

18 *Ths Shepherd of Hermas*, 6.5-7.

19 Justinus, *The First Apology*, 67.

20 에버하르트 아놀드, 《초대 교회》(플라우출판사, 2016), 35. 에버하르트 아놀드, 《초기 그리스도인의 육성》(논산: 대장간, 2020), 28, 62. 유세비우스, 《교회사》, vi, 43. 하르낙은 *Mission und Ausbreitung*(1924), 183에서 로마 교회가 매년 가난한 이들을 돕기 위해 지출한 엄청난 규모의 돈을 산정했다. M. 헹엘, 《초대 교회의 사회경제 사상》, 78.

21 에버하르트 아놀드, 《초대 교회》, 35. Tertullian, *To His Wife*, II.4

22 M. 헹엘, 77.

23 Harnack, *The Expansion of Christianity in the First Three Centuries I* (NY: Williams & Norgate, 1904), 181ff.

24 M. 헹엘, 79.

25 John Chrysostom, *Hom*. XII On 1 Tim.4, Migne, *PG* 62, 563. M. 헹엘, 8.

26 J.F. Kelly, 284.

27 Migne, *PG* 31, 276ff.

28 나지안조스의 감독의 아들로 출생한 그는 라틴어로는 Gregorius Nazianzenus 라고 불린다. 아덴에서 수학하였는데 이곳에서 바실리우스를 만났다. 콘스탄티노플에서 2년간 니케아 정통 신앙에 근거한 설교를 통해 정통 신앙을 확산시켰다. 그의 노력으로 콘스탄티노플에서 니케아 신앙이 최종적인 승리를 거둘 수 있는 토대가 구축되었다. 389(390)년경 사망하였다.

29 카파도키아 학파는 그리스도뿐 아니라 성령도 하나님과 동등한 동일 본질을 지닌 분임을 강조하고 성부, 성자, 성령은 그 위치도 동등함을 주장하였다. 결국 삼위는 하나의 본질(μια ουσια)을 지녔으나 세 존재 양태, 삼위(三位)로 나뉜다(Τρεις υποστασεις)는 새로운 용어 μια ουσια 와 Τρεις υποστασεις를 사용하여 삼위일체 교리를 정립하였다.

30 M. 헹엘, 11.

31 M. 헹엘, 92.

32 참고. J. Muether, 7.

33 J. Stott, *Issues Facing Christians Today* (London: Marshall Morgan & Scott, 1984), 212-233.

7. 초기 그리스도인은 어떤 일상을 보냈을까

1 유럽 사회에서 문신이 다시 등장한 것은 18세기였다고 한다. 영국의 탐험가 제임스 쿡(James Cook, 1728-1779) 선장이 남태평양을 항해하다가 타히티섬에 도착했는데, 그곳 원주민들의 타타우(tattow)라는 문신 풍습을 보게 되었고, 이것이 유럽에 소개되어 문신 문화가 퍼져 나갔다고 한다. 여기서 문신을 뜻하는 영어 타투(tatoo)가 유래했다고 한다.

2 Richard Alderson, *The Early Christians, a Taster* (London: Dayone Publications, 1997), 19-20.

3 Richard Alderson, 20.

4 한국교부학연구회, 《내가 사랑한 교부들》(서울: 분도출판사, 2005), 134.

5 이 글의 영역본, "On female fashion"은 *Ante-Nicene Fathers* 4권 14-25쪽에 게
   재되어 있다.

6 *De cultu feminarum*, 9.1.

7 *De cultu feminarum*, 13.5, cf 9.8.

8 모토무라 료지, 《처음 읽는 로마사》(서울: 교유서가, 2015), 193.

9 모토무라 료지, 193.

10 *Apology*, 42.

11 Eusebius, *Hist. Eccles*, V.1.

12 *Confession*, 9.32.

13 *Sermon*, 199.

14 어원인 키니코이(Κυνικοί)가 '개'(Κύνος)에서 유래하였기에 견유학파(犬儒學派)라
   고 불리게 되었다. 이를 키니코스(Cynicos)학파로 칭하기도 한다.

15 Richard Alderson, 19.

16 허타도, 204.

17 앨버트 벨, 《신약시대의 사회와 문화》(서울: 생명의 말씀사, 2001), 391-392.

18 안토니누스 방벽(Antonine Wall, Vallum Antonini)은 고대 로마인들이 스코틀랜드
   의 센트럴벨트에 해당하는 클라이드만과 포스만 사이를 가로질러 지은 방어 시
   설이다. 142년 로마 황제 안토니누스 피우스의 명으로 건설하기 시작했는데 완
   공까지 약 12년이 소요되었다. 석조 토대 위에 뗏장을 씌운 이 방어 시설은 남쪽
   의 하드리아누스 방벽이 지어진 지 20여 년 뒤에 건설되었다. 하드리아누스 방
   벽을 대체할 목적이었다. 이 방벽이 운영됐을 당시에는 이곳이 로마제국의 최
   북단 국경이었다. 방벽의 길이는 약 63km(39마일)에 높이는 약 3m(10피트), 너비
   5m(16피트)였다.

19 고대에 다키아인과 게타이인이 거주하고 있던 지역을 가리키는데, 현재의 루마
   니아와 몰도바 영토에 해당된다. 동쪽은 티서강, 서쪽은 헝가리, 남쪽은 도나우
   강, 북쪽은 카르파티아산맥의 삼림 지대까지이다.

20 유프라테스강(Euphrates River)은 티그리스강과 함께 메소포타미아 지역을 흐르

초기
그리스도인의
라이프스타일

는 강인데, 대개 두 강을 같이 묶어서 부른다. 지리적으로 유프라테스강은 티그리스강의 남쪽에 위치하고 있다. 이 강은 튀르키예 동부고원에서 발원하여 시리아와 이라크를 가로질러 흐른다. 이라크 남부에서 티그리스강과 합류하여 샤트알아랍강을 이룬다. 티그리스강과 함께 세계 4대 문명이자 가장 오래된 문명인 메소포타미아 문명의 발원지로 알려져 있다.

21 유게 도루(弓削 達), 《로마는 왜 멸망했는가》(서울: 교문사, 1991), 33.

22 유게 도루, 34.

23 제롬 카르코피노(류재화 역), 《고대 로마의 일상생활》(서울: 우물이 있는 집, 2003), 120.

24 Wayne Meeks, *The First Urban Christians*, 16.

25 Mehmet Taslialan, "The Journeys of St. Paul to Pisidian Antioch", *Society for the Study of Early Christianity*, Macquarie University, Newletter, 37(June, 2000), 4.

26 말허비, 《초기 그리스도교의 사회적 이해》, 93.

27 Adolf von Harnack, *The Mission and Expansion of Christianity in the First Three Centuries*, trans. and ed. James Moffatt, Vol 2(NY: Putnam's Sons, 1908), 21. Wayne Meeks, 17.

28 Roland Allen, *Missionary Methods: St Paul's or Ours?*, 13.

29 라틴어 paganus에서 기원한 pagan이란 단어는 프랑스어의 paysan, 이탈리아어 paisano의 어원이 되는데, 프랑스어나 이탈리아어에서 이 단어의 의미 역시 '시골에 사는 사람'이라는 peasant라는 뜻이라고 한다. 이에 해당하는 영어가 heathen인데 '시골에 사는 사람'을 의미했다. 이 단어는 도시 중심의 초기 기독교의 성격을 반영하는 단어였다.

30 말허비, 《초기 그리스도교의 사회적 이해》(서울: 대한기독교서회, 1991), 111. 또 이들 17명의 고린도교회 성도들 가운데 8명이 라틴어 이름을 가진 이들이었다. 이 점은 고린도교회가 로마적 요소가 강했다는 의미이고, 새로운 종교적 전통에 개방적이었음을 보여 준다. 또 고린도라는 도시는 금융과 산업과 상업의 중심지였고 사회적 이동성이 높았던 도시였음을 보여 준다. 말허비, 113.

31 크리스틴 폴, 《손 대접》(서울: 복있는 사람, 2002), 19-20.

32 크리스틴 폴, 20. *Hospis fui et suscepistis me.

33 Lactantius, *Divine Institute,* 176-177.

34 크리스틴 폴, 35.

35 크리스틴 폴, 20.

36 John Chrysostom, Homily 20 on 1 Corinthians, *NPNF*, vol. 12, 117. 크리스틴 폴, 34.

37 Lactantius, *The Divine Institutes*, 6:12. *The Ante-Nicene Fathers*, vol. 7, 176.

38 《베네딕도 수도규칙》(서울: 분도출판사, 1991), 197.